빌드업 패밀리

부모자녀의 효과적 의사소통

육성필
노미애
김경아
신민영
이건희

Buildup Family

박영story

발 행 인: 유승지
발 행 처: 서울상담심리대학원대학교 마음건강연구소
책임집필: 육성필
집 필: 육성필, 노미애, 김경아, 신민영, 이건희
행정지원: 현치주
연구지원 및 자료수집: 김애희, 황규진

본 교육안에 수록된 사례는 사례 경험자의 동의를 얻어, 일부 내용을 변형 가공하여 사용하였음을 밝힙니다.

감사의 글

서울상담대학원대학교에 마음건강연구소를 개소하고 첫 프로젝트로 의사소통증진프로그램을 개발할 수 있도록 발전방향과 실행에 대한 적극적인 지원과 조언을 해주신 학교법인 용문학원 유승지 이사장님과 현일선 상근이사님께 감사드린다. 또한 의사소통증진프로그램 개발에 함께해 주신 노미애 연구원, 김경아 교수, 신민영 교수, 이건희 교수, 김애희 연구조교, 황규진 연구조교에게도 깊은 감사를 드린다.

들어가며

서울상담심리대학원대학교 마음건강연구소의 부모자녀 의사소통증진프로그램은 가정과 직장에서 자녀들의 성장과 발전을 위해 고생하고 계시는 부모님들에게 도움이 되었으면 하는 마음으로 개발하였다. 가정의 구성원으로서 부모와 자녀들은 나름대로 역할을 하여 가정생활을 하고 있다. 자녀들은 부모와 같이 생활하다 학령기가 되면 학교에 다니게 된다. 대부분의 아이들은 자신의 목적과 꿈을 이루기 위해 힘들고 어렵기는 하지만 학교생활을 하며 공부를 하고 있다. 하지만 어떤 아이들은 성적, 교우관계, 가정문제 등으로 인해 크고 작은 어려움을 경험하고 학교생활에 부적응하기도 한다. 또한 이로 인해 가정에서 부모와 갈등을 경험하기도 한다. 이번에 기획한 부모자녀 의사소통증진프로그램은 자녀들의 성장과 행복을 위해 노심초사하고 계시는 부모님들이 자녀들과의 의사소통이 조금이라도 개선되었으면 하는 것은 물론 아이들의 양육과 가정생활로 인해 지친 부모님들에게 도움이 되었으면 하는 마음을 담고 있다.

그동안 부모의 자녀양육이나 훈육과 관련된 다양한 노력을 하였고 지금도 많은 노력을 하고 있다. 하지만 여전히 아이들의 양육문제는 어렵기도 한 것 같다. 이러한 어려움에 대한 하나의 해결책으로 그중에 하나로 부모와 자녀의 의사소통과 가정교육을 강조하는 움직임도 있다. 아이들이 학교생활, 가정생활 과정에서 어려움을 경험하는 경우 부모에게 이야기하거나 전문적인 상담을 받는 경우는 매우 적다. 여전히 주변 사람들의 시선을 의식하거나 자신의 어려움을 이야기해야 한다는 부담 등으로 인해 상담받는 것을 부담스러워하는 학생들이 있다. 이러한 분위기로 인해 스트레스가 심하거나 위기의 순간에 효과적인 도움을 받지 못하는 아이들이 생기기도 한다.

부모자녀 의사소통증진프로그램을 개발한 연구팀은 부모와 자녀 간의 관계를 개선하고 필요한 경우 자녀들이 전문적인 상담을 받을 수 있도록 도와줄 수 있는 방법에 대해 고민하였다. 그 방법의 하나로 부모와 자녀 간의 심리적 정서적 거리감을 줄일 수 있도록 평상시에 대화, 즉 의사소통을 잘할 수 있도록 도와주는 것이라고 결론지었다. 이러한 결론에 기초하여 부모자녀 의사소통 증진을 주제로 설정하고 개발을 위한 연구를 하였다.

이러한 노력을 통해 개발한 부모자녀 의사소통증진프로그램의 내용은 1강 한국의 가정 현실과 부모의 자기이해 및 자녀이해, 2강 청소년기의 이해, 3강 의사소통의 실제 I－너의 마음 듣기, 4강 의사소통의 실제 II－나의 마음 말하기로 구성하였다. 교육의 구성과 진행은 부모님들이 교육내용을 수월하게 이해할 수 있도록 돕기 위해 이론에 기반한 교육이 아니라 사례 등으로 구성하였다.

이번에 개발한 부모자녀 의사소통증진프로그램을 통하여 부모님의 의사소통 능력이 증진된다면 자녀들과 효과적인 의사소통이 가능해질 것으로 생각한다. 동시에 부모와 자녀가 서로 공감하고 함께 행복한 가정을 만드는 데 도움이 될 것으로 기대한다. 심리상담적인 측면에서 부모자녀 의사소통증진프로그램에서 얻은 효과적인 의사소통을 통하여 일차적으로 부모님이 어려움을 경험하고 있는 자녀를 확인하는 것이 가능할 것이다. 동시에 부모님이 의사소통을 통하여 초기에 가장 필요한 상담과 도움을 제공한 후 보다 전문적인 심리상담이 필요한 경우에는 전문적인 심리상담을 받을 수 있는 전문기관이나 전문가에게 의뢰할 수 있도록 하는 것을 부모님의 역할로 설정하고 있다.

따라서 교육을 받으신 부모님들께서 어려움을 경험하는 자녀를 조기에 발견하고 필요한 도움을 제공한 후 추가적인 도움이 필요한 경우 적절한 의뢰를 해주셨으면

한다. 이러한 부모님의 초기 의사소통을 통해 어려움을 경험하고 있는 자녀에 대한 체계적인 관리가 가능할 것이다.

2023. 12

서울상담심리대학원대학교 마음건강연구소

CONTENTS

3강
의사소통의 실제 I - 너의 마음 듣기

CONTENTS

4강
의사소통의 실제 II - 나의 마음 말하기

빌드업 패밀리: 부모자녀의 효과적 의사소통

1강

한국의 가정 현실과 부모의 자기이해 및 자녀이해

서울상담심리대학원대학교 마음건강연구소

1강_ 한국의 가정 현실과 부모의 자기이해 및 자녀이해

I 한국 가정의 현실

21세기를 살아가는 현대인들은 독립적인 개인이면서 동시에 한 가정의 가족 구성원, 직장 구성원으로서 다양한 관계를 맺으며 살아가고 있다. 코로나19 팬데믹을 경험한 전국 20세 이상 1,000명을 대상으로 한 일상생활 및 삶의 가치 변화에 대한 설문조사에서 많은 사람이 기존 삶의 방식을 되돌아보는 계기가 되었고 가족, 친구와 소통의 중요성을 인식(57.9%)하게 되었다고 답하였다(한국보건사회연구원, 2022). 이처럼 코로나19 팬데믹 시대를 통과하면서 사람들이 집에서 보내는 가족과의 시간이 더 늘어나고, 부모는 아이 양육에 대한 책임이 증가하면서 우리 삶에서 가족의 의미와 역할은 더 중요해졌다고 볼 수 있다.

현재 우리나라에서 청소년(만 9~24세)을 둔 가구 수(주 양육자를 대상으로 가구 수 산출)는 가구의 약 24.9%로 나타났다(통계청, 2018년 인구주택총조사). 조사에 참여한 주 양육자의 인구·사회학적 특성을 살펴보면 40대가 57.0%로 가장 많았으며 50대 이상은 31.8%, 30대 이하는 11.1%였다. 대부분 주 양육자라고 할 수 있는 어머니(90.4%)와 30분 이상 시간을 보내는 청소년의 비율이 76.2%로 나타났고 아버지와 30분 이상 시간을 보내는 비율은 40.6%로 우리 사회에서는 여전히 어머니가 청소년 돌봄을 주로 담당하고, 아버지의 돌봄(함께 보내는 시간)은 제한적인 것으로 보인다. 특히 아버지와 대화를 거의 하지 않는 청소년은 5.9%, 30분 미만이 49.5%였으며, 어머니와 전혀 하지 않는 경우(0.9%), 30분 미만이 18.1%로 상대적으로 우리나라 청소년은 어머니보다 아버지와 많은 대화를 하지 않는 것으로 나타났다. 부모와의 대화 내용을 구체적으로 살펴보면 '부모와 나의 고민에 대한 대화'를 거의 하지 않는 청소년이 전체 응답자(13~18세)의 15%에 달했고, '학교 생활에 대한 대화'를 거의 하지 않는 청소년도 8.8%였다(한국청소년정책연구원, 2022). 한편 부모님의 관심 정도를 살펴보면, 부모가 '학교나 학원 수업이 끝난 후 집에 늦게 들어와도 관심이 없다'라고 응답한 청소년은 10.4%였는데, 과거 조사와 비교하면 '전혀 그렇지 않다'는 응답이 증가한 동시에 관심이 없다는 비율도 함께 증가하였다. 이는 청소년 양육환경의 격차를 나타내는 것일 수 있으며 최근 사회문제로 지적되고 있는 코로나19로 부모와 자녀가 함께하는 상황은 늘면서 일종의 방임 상태도 증가할 수 있는 가능성이 시사되므로 부모교육을 통한 자녀양육에 대한 책임감과 부모역량을 강화하는 것이 필요하다고 할 수 있다(한국청소년정책연구원, 2022).

급격한 사회변화와 함께 우리나라 가족구조의 모습 또한 크게 달라지고 다양해졌다. 전통적으로 양부모 밑에서 양육을 받는 것으로 기대되었던 일반적인 가족구조가 한부모 가정이나 이혼가정, 조손가정 등 다양한 형태로 나타나고 있다. 한국 가정의 문화적 경제적 풍토 또한 다양하게 나타나는데 특히 다문화가정의 증가와 경제적 격차의 상승 등을 주목할 만하다. 이러한 사회현상 속에서 자녀들은 높은 스트레스로 인한 우울, 불안, 공격성 등 다양한 심리적 문제와 비행, 학교폭력, 자퇴, 자살 행동 등 위험 행동을 나타낼 가능성이 높아지고 있다. 전반적으로 우리나라 중·고등학생 39.6%는 평상시 스트레스를 느끼며, 26.8%는 최근 1년 내 우울감을 2주 이상 경험하였다고 보고하였으며 12.6%의 자살 생각을 나타났다(질병관리청, 2022). 이러한 결과를 살펴볼 때 청소년의 정신건강은 현재 우리 사회가 관심을 가지고 노력해야 할 중요한 문제이며 건강한 가족관계와 긍정적인 상호작용을 통해 자녀의 정신건강을 살피는 것은 부모의 매우 중요한 발달과업이라고 할 수 있다(Goldstein & Brooks, 2009).

Ⅱ 부모의 효과적인 양육 행동을 위한 심리학적 해법

1 우리나라 부모의 양육 현실

현대 사회에서 다양한 형태의 결혼문화가 나타나고 있지만, 일반적으로 한 개인의 인생 주기를 살펴보면 각기 다른 가족체계에서 살던 두 사람이 결혼하게 되면서 부부가 되고 부부관계를 통해 새로운 가족 구성원이 태어난다. 그 결과 두 사람만의 고유한 새로운 가족체계가 형성되면서 부부체계에서 부모자녀의 하위체계가 만들어진다(Becvar, 2010). 이 과정을 통해 각자의 욕구와 권리에 초점을 맞추던 부부 중심 체계에서 양육에 대한 부부 공통의 욕구와 역할에 더 관심을 기울이게 된다. 부부는 자녀의 출산과 함께 자연스럽게 부모가 되지만, 부모 역할을 제대로 수행하기 위해서는 많은 시행착오를 거치며 성장해 가는 과정이 요구된다고 할 수 있다.

우리나라 부모 중 주 양육자를 대상으로 자녀의 건강을 지원하고 있는 수준에 대해 조사한 결과, 주 양육자의 10명 중 8명 정도는 자녀의 건강에 관심을 가지고 신경을 쓰고 있는 것으로 나타났다. 또한 '자녀가 자신의 삶을 선택할 수 있도록 돕고 있다(96.9%)', '아이의 시간을 유용하게 사용할 수 있도록 돕고 있다(93.8%)'로 응답한 결과를 볼 때 주 양육자의 대부분이 자녀의 진로와 시간을 잘 관리하고 있다고 인식하는 것으로 나타났다. 9~18세 자녀가 있는 양육자를 대상으로 양육 관련 만족도를 조사한 결과, 주 양육자 10명 중 9명 정도가 '자녀를 잘 키우고' 있으며(93.1%) '자녀와의 관계에 만족'하고(90.7%), '자녀를 존중한다'(91.8%)고 인식하고 있어, 전반적으로 양육 만족도가 높은 것으로 나타났다. 하지만 자녀와의 대화가 충분하다고 응답한 비율은 81.1%로 다른 항목보다는 다소 낮은 경향을 보였고, 사교육비가 부담된다는 비율은 83.7%로 청소년 자녀를 둔 가정의 사교육비 부담률이 상당한 것으로 보인다(한국청소년정책연구원, 2022).

현재 우리나라 부모들은 자녀를 돌보기 위한 양육환경으로서의 사회와 가족구조의 변화로 인해 다양한 스트레스를 겪고 있다(권미경, 2011). 그중에서도 핵가족화 현상이 늘어나면서 부모가 다른 가족 구성원의 도움 없이 자녀 양육을 담당해야 하는 현상이 증가하게 되고, 맞벌이 부모가 증가하면서 자녀에게 할애하는 시간이 줄어들고 있다. 결혼 평균 나이의 지연, 가족 기능의 약화로 인해 부모 역할을 충분히 습득할 기회와 지원망이 감소하면서 이전 세대보다 더 많은 어려움을 겪고 있다고 볼 수 있다. 자녀를 지도하는 데 있어 게임중독이라든가 십 대 임신과 같은 다양하고 심각해진 비행 행동으로 인해 부모로서 무력함을 느끼게 되고 청소년기가 연장되는 사회현상은 부모의 부양 책임과 자녀의 의존 기간을 늘어나게 하면서 더욱 부모로서 혼란스러움과 좌절감을 느끼게 한다(정옥분, 2004). 주 양육자의 최근 1년 동안 경험한 스트레스 수준을 살펴보면 '일상생활 중 스트레스를 느꼈다(94.7%)', '자녀 양육과 관련해 스트레스를 느꼈다(87.2%)'로 주 양육자의 대부분이 스트레스를 경험하는 것으로 나타났다(한국청소년정책연구원, 2022). 부모의 자녀에 대한 양육 스트레스는 부모 자신의 심리적 안녕뿐만 아니라 역기능적 양육 행동을 예측하게 하는 중요한 변인으로서 자녀에 대한 태도, 자녀와의 상호작용에 부정적인 영향을 미칠 수 있다(문혁준, 2008). 특히 청소년을 둔 우리나라 부모들은 자녀가 중등학교에 올라가면서 사춘기라는 발달 단계적 특성과 입시경쟁으로 인한 자녀의 스트레스를 버텨주어야 하는 이중고에 시달리면서 고군분투하고 있다고 볼 수 있다. 우리나라 학부모들이 양육 스트레스와 높은 사교육비를 감당해야 하는 상황 속에서도 전반적으로 자녀 양육에 대한 만족감을 느끼고 있는 것은 그만큼 부모로서 자녀에 양육에 대한 높은 관심과 헌신을 나타낸다고 할 수 있다.

좋은 부모가 되어 자녀를 잘 키우고자 하는 마음은 부모라면 누구나 한 번쯤은 갖게 된다. 하지만 좋은 부모까지는 아니더라도 최소한 자녀에게 화풀이를 하거나 감정적으로 대하지 않으려고 노력하는 것도 쉬운 일은 아니다. 여러 양육서에서 말하고 있는 사랑과 관심의 마음은 아무리 다짐을 해도 금방 온데간데없어지고 결국 큰소리가 나거나 아이가 방문을 닫는 것으로 대화가 끝이 나기도 한다. 특히 발달기적 변화가 극심한 사춘기 자녀를 키워야 하는 부모는 부모 노릇하기가 더욱 만만치 않다. 앞으로 전개될 치열한 입시경쟁을 앞두고 자녀가 학업에 열중하도록 도우면서 한편으로는 정서적으로 안정되게 자녀와 좋은 관계를 맺어야 하는 이중역할이 요구되기 때문이다. 오늘날 부모들은 그 어느 시대보다 자녀 양육에 대한 무한책임을 지고 슈퍼맘 혹은 슈퍼대디가 될 것을 강요당하며 좋은 부모의 역할을 요구받는 듯하다. 하지만 너무 이상적인 부모 역할에 매달리면 자칫 무능한 부모로 인식되고 스스로 죄책감을 느낄 가능성도 높다. 사실 복잡한 현대 사회에서 부모는 자녀를 보살피는 것 외에도 경제활동, 대인관계, 집안 살림 등 일상에서 다루어야 할 일들이 산재하다. 그 결과 자녀가 원하는 만큼 자녀에게 몰두하고 관심을 주기가 현실적으로 쉽지 않다. 부모 스스로 자신의 소진(번아웃)을 예방하기 위해 자녀에게 가장 좋은 것을 주고 싶어도 부모가 어찌할 수 없고 선택할 수 없는 상황이 있음을 받아들이는 것이 중요하다(Moira & Isabel, 2017).

청소년 자녀를 키우는 부모는 독립과 의존에 갈등하는 자녀의 도발과 공격적 태도에 시달리면서도 아직 뇌가 충분히 발달하지 않은 자녀가 부모의 입장을 공감하거나 마음을 알아주는 경우는 극히 드물다. 부모가 되는 경험은 무한한 행복감을 선사하지만 동시에 부모로서 겪어야 하는 많은 도전과 시련을 잘 통과하기 위해서는 무엇보다 부모 자신의 정신적/신체적 건강에 관심을 기울이고 적절한 휴식을 갖는 것이 중요하다고 할 수 있다. 부모 스스로 자신의 몸과 마음을 살피고 지치고 소진되지 않도록 일상을 잘 살아가는 것이 매우 중요하다. 부모의 스트레스는 자녀에게 바로 영향을 주고 자녀의 스트레스를 악화시키는 요인이 되므로 부모 자신의 스트레스 관리가 자녀에게 가장 큰 선물이 될 수 있다. 나아가 오늘날 부모의 역할은 개인의 차원에서 해결하기에는 한계가 있으므로 공동체적인 도움과 사회적 지지체계를 통한 전문적 지원이 마련되어야 할 것이다.

2 부모의 자기이해

청소년 부모는 십 대 자녀의 부모면서 동시에 스스로 중년기라는 인생의 과도기적 시기에서 삶의 중요한 변화를 겪게 된다. 자녀가 청소년이 되는 발달상의 변화와 함께 부모 자신의 변화요인도 부모자녀 간의 관계에 영향을 미친다. 부모의 입장에서 중년기는 배우자와의 관계에서 결혼 만족도가 가장 낮아지는 시기이며 부모 역할과 함께 자녀 역할을 해야 하는 이중역할로 인해 책임과 경제적인 부담도 커지는 시기이다(정옥분, 2004). 이처럼 정서적 위기라고 여겨질 수 있는 청소년기와 중년기에 처한 가족 구성원들이 갈등 없이 지내기는 결코 쉽지 않을 것이다. 부모에게 심리적으로 의존하고 순응적이었던 아동기 자녀가 청소년기에 접어들면서 부모의 권위는 도전을 받게 되고 통제가 어려워지게 되는 것이다. 하지만 가족과 가정의 영향력 즉 부모의 긍정적인 양육 행동은 자녀의 신체적 정신적 건강, 학업능력, 장래 성공적인 직장생활과 가정생활 등에 강력한 영향을 미치고 이를 통해 자녀는 원만하고 건강한 사회 구성원으로 자라날 수 있게 된다. 이와 같이 부모는 자녀에게 물리적 환경을 제공하는 동시에 심리적 환경으로서 자녀의 성장에 많은 영향을 미치므로 부모자녀의 관계를 재정립하고 변화에 맞게 조정해야 한다.

궁극적으로 양육이란 부모 대 자녀가 아니라 부모와 자녀가 더불어 경험해 나가는 과정이라고 할 수 있다. 자녀는 부모가 본 모습으로 돌아가도록 일깨워주고, 그 결과 부모는 자녀 양육을 통해 자신의 한계를 극복하고 성장하는 기회를 얻게 된다. 아이를 키운다는 일은 자신의 오래된 습관과 낡은 패턴을 벗어던지고 나와 다른 새로운 존재를 받아들이는 여정이라고 할 수 있다(Tsabary, 2010). 자녀가 행복하기 위해서는 부모의 건강하고 행복한 마음이 우선이므로 부모 자신의 마음을 들여다보고 자녀와의 관계를 통해 변화하고 성장하는 것이 중요하다. 문제 행동을 보이는 자녀의 대다수의 부모는 자녀를 견디기 어려워하지만 사실 자녀의 문제 뒤에는 부모 자신의 문제가 내재할 가능성이 높다고 볼 수 있다. 부모는 이러한 사실을 받아들이기 쉽지 않기 때문에 그것을 바라볼 수 있는 용기가 필요하다. 부모가 심리적으로 건강하지 않으면 자녀 역시 마음을 건강하게 키우는 법을 배우기 어렵기 때문에 부모이기 이전에 한 인간으로 자신의 정신건강을 확인하는 것이 중요하다. 그러므로 용기 있게 자신을 들여다보고 변화하기 위해 노력하는 자신을 격려하면서 스스로를 보살피고 중심에 두어야 한다(이영민, 2022). 다음은 부모의 부적절한 양육 행동으로 인해 자녀가 부정적 자기상을 갖게 되는 유형을 7가지로 분류한 것이다.

왜곡된 거울이 되는 7가지 유형의 부모

1. 부모가 바빠서 방치 또는 방임된 자녀: 난 사랑스럽지 않아.
2. 부모와 정서적으로 유기된 자녀: 난 가치가 없는 존재야.
3. 부모의 정서적 간섭을 많이 받은 자녀: 난 다른 사람 도움 없이 아무것도 못해.
4. 통제적이거나 폭군적인 모습을 경험한 경우: 난 힘이 없어.
5. 완벽을 요구하거나 잔소리에 시달린 경우: 난 결코 잘할 수 없어.
6. 비판과 비난을 지나치게 많이 받은 경우: 내 자신이 부끄러워.
7. 부모의 자아도취적인 모습을 경험한 경우: 난 중요하지 않아.

(이영민, 2022)

위와 같이 자녀의 심리적 발달에 부모의 특성, 부모의 역할이 결정적으로 중요하므로 무엇보다 부모의 자기이해를 통해 자녀와 소통하는 것이 부모자녀 간의 원만한 관계 형성을 위해 필요하다. 자기이해란 내가 원하는 것, 정서, 욕구 등 내 삶을 움직이는 중요한 힘의 원리가 무엇인지 아는 것이다. 즉 이 힘의 원천, 핵심주제를 알게 되면 양육의 중심에 있는 중요한 욕구나 주제, 자녀를 통해 확인하거나 증명하고 싶은 것이 무엇인지 알 수 있다. 이러한 부모 자신의 핵심주제를 알아가는 것이 바로 자기이해의 과정이라고 할 수 있는데 내가 살아가면서 포기할 수 없는 것이 무엇인지를 호기심을 가지고 적극적으로 탐구하는 것이다(권경인, 2018). 좋은 부모가 되기 위해 부모 이전의 자신을 돌보는 일을 소홀히 하고 있지는 않은지 점검해 보고 자녀를 자신의 삶에 중심에 놓기보다 부모 자신을 삶의 초점을 맞추어야 하는데 이를 위해서는 자기이해가 우선되어야 한다. 다시 말해서 부모 각자가 자신을 돌보고 자기 자신의 모습으로 사는 것이 바로 자신에 대한 진정한 소명이며 가족에 대한 일차적 의무라고 할 수 있다(Runkel, 2008). 자녀를 변화시키려면 부모가 먼저 변화해야 하고 부모가 일상에서 즐겁고 행복하게 살아가는 모습을 보며 자녀도 인생이 아름답고 살만한 것이라고 느낄 수 있게 되는 것이다.

양육방식은 부모가 즉 우리 자신이 어떤 사람인지를 그대로 보여준다. 일상에서 자녀와의 상호작용을 통해 벌어지는 일들에 어떻게 스스로 반응하는지 살펴보면 자신의 세계관을 엿볼 수 있다(Tsavary, 2022). 예를 들어 배우자와 자녀에게 반복적으로 화가 나는 원인을 탐색해 보면 부모 자신의 마음속 깊이 원가족과의 관계에서 경험했던 충족되지 못했거나 받아야 할 것을 받지 못했던 기억들을 만나게 된다. 이러한 정서적 상처를 확인하고 그 상황에서 그럴 수밖에 없었던 어린 나를 수용하고 부모가 된 나의 입장에서 한편으로는 내 부모의 마음도 헤아릴 수 있어야 내가 자녀에게 더 이상 같은 상처를 대물림하지 않을 수 있다(이영민, 2022). 그러므로 나는 어떤 아픔/결핍이 있고 이를 어떻게 다루며 살아왔는지 좀 더 구체적으로 살피고 자기 자신을 보다 잘 이해하기 위해서 아래 질문에 답해보자.

- 자녀로서 나는 어떤 아이였나?
- 나는 나와 잘 지내고 있나?
- 나는 내가 마음에 드나?

1) 나의 주 양육자(부모)와의 관계를 살펴보기

위의 질문에 답하기 위해서는 우선 부모 자신이 어린 시절 주 양육자와 어떤 관계를 맺었는지, 어떤 과정을 통해 성격을 형성하게 되었는지를 살펴보아야 한다. 이러한 주 양육자와의 심리적 관계를 설명하는 대상관계 이론(Object Relations Theory)에 의하면 인간은 어린 시절 주 양육자 즉 부모와의 관계인 생애 초기 관계가 전 생애에 걸쳐 많은 영향을 미친다는 것을 강조하고 있다. 심리학적으로 대상이란 주체인 나와 관계를 맺는 중요한 어떤 것으로 정서적 색채를 갖고 있다(Hamilton, 2008). 부모는 자녀에게 최초이자 장기적인 의미 있는 대상이 되고 자녀는 대상(부모)과의 상호작용을 통해 자아를 형성하게 된다.

'관계'는 인간의 기본욕구로 부모와의 초기 상호작용이 자녀의 마음에 내면화되고, 이 경험을 통해 개인은 타인과 자신을 지각하고 이해하며 관계를 형성하는 기본 틀이 된다. 이와 같이 나에 대한 의식적 무의식적 정신적 표상, 이미지는 첫 번째 대상이 나에게 준 메시지, 나를 대했던 방식을 통해 만들어지는데 이를 내면화 과정이라고 한다(최영민, 2010). 그러므로 생애 초기에 형성된 양육자와의 관계는 일생 동안 반복해서 재생될 가능성이 높아지므로 주 양육자와의 관계 즉 부모와의 관계는 한 사람이 살아가는 데 무엇보다 중요한 요인으로 볼 수 있다(권경인, 2018).

2) 나의 어린 시절 경험을 통해 좌절된 욕구 탐색하기

부모는 어린 시절 충족하지 못했던 자신의 욕구를 자녀를 통해 복구하고 싶어 한다. 특히 첫째 아이의 경우, 부모는 자녀를 '확장된 나'로 여기며 나의 결핍을 채우기 위해, 자녀의 욕구보다는 나의 욕구를 만족시키기 위해 자녀를 양육하는 실수를 빚을 수도 있다. 자녀를 위한다는 행위가 진정으로 자녀를 위하는 것인지 아니면 부모인 나의 욕구를 해결하고 싶은 것인지를 살피고 자녀가 부모라는 물리적, 심리적 환경 속에서 안전감을 느끼면서 건강한 심리적 발달과정을 경험할 수 있도록 돕는 것이 중요하다. 자녀는 부모의 행동과 태도를 거울같이 비춰주고 이를 통해 부모의 무의식을 지속적으로 자극하므로 부모는 자녀를 변화시키려고 애쓰는 만큼 부모 자신의 변화와 성장을 위해 노력해야 한다(Tsavary, 2022).

3) 나의 분화 정도 알아차리기(가족체계 이론)

가족 상담에서 분화란 가족 내의 정서적 압력에 반응하는 정도를 일컫는데 분화가 덜 되면 자녀는 부모의 정서를 있는 그대로 흡수해서 반응하게 된다(Kerr, 2005). 부모 자녀 관계가 안정적으로 분화되면 자녀는 자율성을 발휘하게 되고 부모로서 권위를 인정하고 조화를 이룰 수 있다. 인간은 가정생활을 통해 감정 생활방식을 형성하게 되는데 이러한 감정 경험은 원가족에서 출발하여 새로운 가정을 만들면서 반복순환하게 된다. 결혼을 통해 만난 성인 두 사람이 새로 꾸린 가정에는 각자의 원가족에서 물려받은 감정적 패턴을 가지게 되고 그들의 자녀는 그 패턴을 복제하며 성장하게 되는 것이다.

미분화된 자녀는 부모와 자신을 하나로 여기고 자신의 생각보다 부모의 의견을 더 존중하며 무비판적이고 수용적인 태도를 나타낼 수 있다. 이처럼 자율성을 발휘하기보다 부모가 인정하는 선 안에서 인정과 허락을 구하면서 살아가기 때문에 자신보다는 타인을 더 믿고 의존하게 될 가능성이 높다. 그 결과 부모의 감정이나 심리적 이유를 처리하는 데 에너지를 소모하느라 자신의 인생을 살아가기 위한 에너지를 스스로를 위해 사용하기 어려워진다. 반대로 과분화된 자녀는 자신의 생각이나 행동에 대해 부모로부터 제한받은 경험이 부족하게 되고 그 결과 자기 뜻대로 되지 않는 것을 못 견디고 타인과의 관계에서 자신의 입장만을 고집하게 될 수 있다(이영민, 2022). 그러므로 지지와 존중을 통해 원가족에서 적절히 분화하여 자신이 소중히 여겨지고 충분히 이해받으며 인내와 수용, 유머와 즐거움을 느낄 수 있는 가정을 영위하는 것이 중요하다(Brackett, 2019).

4) 나의 애착패턴과 부부관계를 확인하기(애착이론)

생애 초기의 모자 관계에서 애착 행동은 인간 생존을 위한 필수적인 요소로서 매우 핵심적이고 유전적으로 내재되어 있다고 본다(Bolby, 2019). 인간에게 가장 근본적인 욕구라고 할 수 있는 관계추구가 생존에 필수적인 요소이고 본능적이어서 부모자녀 관계에서 에너지의 핵심은 관계추구 욕구라 할 수 있다. 이러한 관계 욕구의 적절한 만족은 심리적, 신체적 건강을 위해서도 매우 중요하며 긍정적인 사회적 지지를 주고받는 것을 통해 만족스러운 삶을 영위할 수 있다. 특히 자녀의 사회적 능력, 자아 존중감, 자기통제, 정서적 조절, 신체 건강 등 심신의 건강한 발달을 위해서는 부모와의 안정된 애착의 필요성이 강조되고 있다(Allen & Kupermine, 1995).

자녀는 부모와의 상호작용과 내면화 과정을 통해 서로 다른 애착유형을 나타낼 수 있는데 애착유형은 크게 안정애착과 불안정애착(회피형, 집착형, 혼란형)으로 나눌 수 있다(Bolby, 2019). 안정애착은 주 양육자가 아이의 욕구나 반응에 대하여 편안함을 느끼고 표현할 수 있도록 상호 신뢰를 맺는 관계로 안전기지를 제공하는 것이다. 이처럼 부모가 아이에게 적절한 민감성을 가지고 안전기지를 제공하면 청소년기의 자녀는 새로운 환경에 적응하고 자신의 세계를 넓혀 갈 수 있게 되고 청소년기와 관련된 불안, 우울, 정서적 혼란 등을 완화시킬 수 있다(Allen & Bell, 1995). 반면 불안정 애착은 주 양육자를 신뢰하기 어렵고 불안한 형태의 상호작용을 할 때 형성된다. 그 결과 대상에 대해 친밀감과 신뢰감을 형성하지 못하고 회피하거나 집착하는 모습으로 나타나게 된다. 이렇게 부모와의 상호작용을 통해 생애 초기 경험에서 형성된 애착유형은 성인기에 이르러서 반복되어 이후 사회생활이나 관계에 지속적인 영향을 미칠 수 있고 가정생활에서 배우자나 자녀와의 관계에서 나타날 수 있다.

어린 시절 부모와의 관계에서 안정애착을 잘 형성하지 못했다 하더라도 성인이 되어 결혼을 통해 새로운 성인 애착을 형성할 수 있다. 즉 부부관계를 통해 각기 배우자를 맞아 애착 대상을 새롭게 형성하고 어린 시절 충족하지 못했던 애착 욕구를 남편은 아내에게 아내는 남편에게서 충족할 수 있다. 그러므로 결혼생활에서 배우자의 역할이 매우 중요한데 이러한 부부관계는 부모자녀 하위관계에도 영향을 미치게 된다. 즉 부부관계가 원만하지 못하여 상대 배우자와의 애착 욕구가 해결되지 못하면 양육자는 점점 소진되고 좌절감을 느낄 수 있다. 그 결과 부모는 자녀에게 집착하거나 방임하게 되고 자녀는 자신이 부모의 갈등에 책임이 있다고 여기고 죄책감을 느끼거나 자신을 무가치하게 느끼게 된다(이영민, 2022). 반면 안정적인 부부관계는 부모로서 서로 협심하게 돕고 공통된 육아 가치관을 가지고 부모 역할에 충실할 수 있도록 돕는다.

이와 같이 양육 행동에서 부모 역할의 어려움을 함께 나누고 자녀의 심리적 발달의 균형을 위해 배우자와 함께 하는 공동 양육은 매우 중요하다. 남편과 아내가 각각 잘할 수 있는 영역을 나누어 각자 주도적으로 활동하며 서로의 거울이 되어 양육 태도에 관해 나누고 응원하는 동반자로서 부부간의 친밀감과 유대감을 더욱 높일 수 있다. 부부는 자신의 행복을 위해 배우자를 선택했으며, 그 행복은 자녀에게 달린 것이 아니라는 것을 깨닫고 지나친 기대나 자녀를 소유하거나 통제하려는 마음을 잘 알아차려야 한다.

부모로서 자녀를 양육하는 일은 우리 삶에서 매우 중요한 과업이라고 할 수 있다. 그러므로 내가 생각하는 '건강한 부모'는 어떤 모습인지 살피고 내 아이를 키우는 일이 나에게 어떤 의미인지 곰곰이 생각해 보는 것을 통해 자신이 양육 행동에서 무엇을 증명하고 이루고 싶은지를 알 수 있다. 우리는 부모이기 이전에 한 개인으로 자신의 고정된 생각을 가지고 반복적으로 행동하는 경향을 보이면서 이렇게 형성된 신념을 배우자나 자녀에게도 적용하거나 요구하며 가족생활에 영향을 미치게 된다. 그러므로 나의 신념을 확인하고 이것을 가족 구성원에게 어떻게 요구하고 다루는지를 살피는 것도 중요하다(권경인, 2018). 사람들은 저마다의 창을 통해 세상을 인식하지만 여기에는 옳고 그름이 없고 주관적인 영역임을 받아들이고 서로 다름을 인정하는 것부터 존중과 배려가 시작된다.

그러므로 자기 안에 배어있는 무의식적 측면을 자각하고 이해하는 것이 자기이해의 첫걸음이라고 할 수 있다. 자기 자신을 있는 그대로 받아들이지 못하는 부모는 자신의 자녀 또한 받아들이기 어렵다. 자녀를 부모 자신과는 본질적으로 다른 존재임을 받아들이고 부모의 기대에 맞춰 아이를 재단하고 통제하려는 마음을 멈출 때 자녀와 조화로운 연대감을 이룰 수 있다(Tsavary, 2022). 자기이해가 확장될수록 무의식적 측면을 의식화하고 행동을 조절할 수 있게 되고, 타인과의 관계에서 의도적이고 의식적인 선택을 취할 수 있게 되는데 특히 자녀와의 상호작용에서 긍정적인 변화를 가져올 수 있다. 아래와 같이 나의 습관적인 양육 태도를 점검하여 반복적인 패턴을 알아차리면 자녀에게 의도적이고 공감적인 반응으로 변화할 수 있을 것이다.

나의 습관적인 양육 태도 점검하기

- 나는 아이의 어떤 행동이나 말이 참기 힘든가?
- 그런 자녀를 볼 때 어떤 기분, 어떤 생각이 떠오르나?
- 나의 부모가 나에게 해주길 바랐던 것은 무엇이었나?
- 자녀에게 의도적으로 반응하기 위해 무엇이 필요한가?
- 실천한 결과 아이의 반응과 변화된 관계 알아차리기

(이영민, 2022)

3 부모의 자녀이해

> 청소년이 가장 참기 어려운 일은 누군가가 그에게 요청을 해오는 것입니다.
> 요구의 내용은 그리 중요하지 않아요. 그들의 신경을 건드리는 건,
> 바로 부모가 자신에게 부탁을 해 온다는 것이고,
> 그들의 요청에 응답해야만 한다는 것인데,
> 이상하게도 부모를 행복하게 해줘야 한다는 걸 무척 짜증스러워합니다.
> 어른의 요청에 왜 이렇게 알레르기 반응을 보이나요?
> 그건, 부모의 요청이 이들에게 두 가지 괴로운 감정을 일깨우기 때문입니다.
> 하나는 그들의 요구에 부응하지 못할까 봐 갖는 두려움이고,
> 다른 하나는 자신이 노예처럼 보이지 않을까 하는 수치심입니다.
>
> (J. D. Nasio, 2011)

부모는 자녀가 발달상의 변화를 보일 때 이전 모습과 달라진 자녀의 모습에 당황하거나 불안에 휩싸일 수 있다. 부모와 자녀 간의 유대감이 이미 잘 형성되었다 하여도 부모로부터 독립하고 정서적 의존에서 벗어나려는 자녀가 청소년기에 들어서면서 부모 자녀 간의 갈등은 불가피하다(정옥분, 2004). 고분고분하던 자녀가 부모가 설정한 규칙이나 가치관에 의문을 제기하고 무조건 부모가 시키는 대로 하는 것을 멈추면, 부모들은 자녀에게 실망하게 되고 화를 내거나 방어적으로 대하게 되면서 부모자녀 관계가 위협받게 된다. 특히 청소년기의 자녀는 부모와 독립을 원하면서도 부모에게 의존할 수밖에 없는 자신의 모습에 끊임없이 갈등하면서 불안정한 모습을 보이고 짜증과 공격성이 심해지며 부모와 거리를 두면서 또래 관계에 몰두하는 모습을 나타낼 수 있다. 이 과정에서 부모 또한 자녀가 독립하기를 원하면서도 그들이 계속 자신을 따라주고 의존하기를 원하는 이중 메시지를 전달할 수 있고, 자녀의 변화된 모습에 적절히 훈육하지 못한다고 여기며 혼란을 경험할 수 있다.

부모의 긍정적인 애착 관계와 정서적 친밀감, 그리고 일관성 있는 양육방식은 미래에 자녀가 행복하고 건강한 성인으로 자랄 수 있도록 돕고 나아가 자녀의 문제 행동이나 심신 질환을 예방할 수 있다(Nasio, 2011). 부모로부터 사랑과 지지를 받는 자녀

는 청소년 폭력, 반사회적 행동, 비행, 중독, 자살 행동 등으로부터 좀 더 안전하며, 가족 내에서 존중받고 부모와 소통이 잘 될수록 학업성취도 높고 교우관계도 원만하며 성인이 되어서도 건강하고 성공적인 삶을 영위할 수 있다는 연구 결과가 있다(Gottman, 1997). 그러므로 부모의 적극적인 지지와 격려를 통해 부모자녀가 건강한 관계를 맺게 되면 자녀는 있는 그대로의 자신으로 충분히 괜찮다는 믿음을 갖게 되고 이러한 자신감을 밑바탕으로 타인과 솔직하고 지속적인 관계를 맺을 수 있는 능력을 갖추게 된다. 다음은 부모가 사춘기 자녀의 발달기적 특성을 고려하면서 청소년 자녀에게 적절히 반응하기 위한 바람직한 방법을 구체적으로 살펴본 것이다.

1) 자녀의 발달기적 공격성을 버텨주기

자녀가 아동기에서 벗어나 사춘기가 되면 호르몬의 변화와 편도체의 활성화로 인해 부모와 거리를 두거나 차단하면서 공격적인 태도와 언행을 나타낼 수 있는데 이때 부모는 아이의 발달기적 상태를 충분히 이해하고 심리적 거리를 유지하는 것이 좋다. 자녀의 반항적인 행동은 부모에게 도와달라는 간절한 외침일 수 있음을 알아야 한다. 부모 스스로 의식하지 못한 채 자녀에게 부정적인 메시지를 전할 수도 있으므로(예: 자녀를 격려하기 위해 건넨 “열심히 해야 해”라는 말이 사춘기 아이에게는 “지금 상태로는 안 돼”로 받아들여질 수 있다), 자녀와의 상호작용에서 늘 깨어있으며 자신의 무의식적 언행과 감정적 습관을 알아차려야 한다(Tsavary, 2022). 자녀의 약점이나 수치심을 자극하게 되면 자녀는 부모에게 직접적으로 드러내지 못하더라도 자신보다 약하다고 여기는 형제자매나 친구에게 짜증을 내거나 적대감과 같은 부정적 감정을 표출할 수 있음을 미리 알고 너그럽게 받아주는 자세가 필요하다.

사춘기 자녀는 자아가 성장하면서 자기만의 시간과 공간을 확보하려고 하는데 이를 침범하거나 통제하려고 하면 자녀와의 관계가 악화되고 갈등을 겪을 수 있다. 특히 청소년은 부모에게 자신이 실제로 느끼는 감정과는 반대로 감정을 표출하기도 한다. 즉 마음속으로는 부모를 자랑스러워하고 사랑하면서도 부모를 껄끄러워하거나 혐오한다는 태도를 보일 수도 있다. 이때 부모자녀 관계의 어려움이 자녀가 겪는 성장 과정 중의 발달 단계에서 오는 일시적인 문제일 수 있음을 기억하는 것이 부모가 청소년 자녀의 까칠함을 견디는 데 도움이 될 수 있다.

청소년을 자녀로 둔 부모는 적당히 모른 채 속아주고(속아준다는 느낌은 알리면서) 때로는 아는 듯 모르는 듯 넘어가는 것이 바람직하다. 안 되는 것의 목록을 최소한으로 줄이고 아주 중요한 문제가 아니면 자녀가 스스로 선택하고 결정할 수 있는 기회를 주는 것도 필요하다. 자녀가 부모를 자극할 숨은 의도가 있다고 여기거나 자녀의 행동을 부모를 공격하는 것으로 여기며 자녀를 비난하고 심판하는 부모의 반응은 부모자녀의 관계를 위기에 빠뜨리게 할 수 있다. 주의할 점은 부모의 버티기를 통해 자녀의 자율성과 자신감이 성장할 수 있지만, 위험 행동이나 한계를 넘어서는 행동에 대해서는 단호함을 보이는 것이 중요하다. 이처럼 청소년기란 정서적으로 사회적으로 자기 자신이 되는 데 얼마나 타인을 필요로 하는지를 깨닫게 되는 시기라고 할 수 있다(Nasio, 2011). 부모가 자녀의 가장 좋은 대상이며 부모 자신의 일부라는 것을 온전히 받아들이고 무조건적으로 사랑한다는 메시지를 수시로 전하여 자녀 스스로 자신의 존재를 중요하게 여기게 될 때 자녀 스스로 삶의 위기에서도 좌절하지 않고 힘을 낼 수 있는 자원을 확보할 수 있게 된다(권경인, 2018).

2) 자녀와 건강한 경계 세우기

엄마 뱃속에서 나오는 순간 아이는 분리된 신체를 가진 타인이 된다. 특히 청소년기는 부모와 심리적 탯줄을 끊고 정체성을 확립하면서 심리적으로 부모로부터 서서히 독립하는 시기라고 할 수 있다. 사춘기 청소년은 부모에게 의존하던 아동기에서 벗어나 조금 더 자기 자신의 생각과 개성을 추구하고 인생의 주인으로 살고 싶은 욕구가 강해지는 시기로 '자아 정체성'을 추구하는 인생의 전환기이다. 심리적으로 건강한 사람이란 경계가 분명하고 정서적으로 전체성을 경험할 수 있는 삶의 주도적 대리자로 자기가 확립된 사람이라고 할 수 있다(Clair, 2004). 우리는 살아가면서 통합과 분화를 통해 개별화를 형성하게 되는데 이를 통해 자신과 타인 사이에 독립성을 유지하게 된다. 특히 이 시대의 청소년들은 지금 부모 세대보다 더 풍요롭고 자유로운 시대에 살고 있기 때문에 자기 표현과 권리에 대한 요구가 한층 높다고 볼 수 있다. 이렇게 시대적 변화에 따른 청소년기의 자녀가 자기 삶의 주인으로 살아가도록 돕기 위해서는 부모자녀 관계에서 서로를 존중하고 경청하는 태도가 요구된다(박미자, 2022).

아무리 사랑하는 관계라 하더라도 적절한 경계를 통해 타인과의 차이를 인정하고 서로 맞출 수 없는 부분을 깨닫고 상대방을 받아들일 수 있게 된다. 하지만 부모자녀 사이가 매우 밀착되어 있어서 성인이 되어서도 경계선이 모호한 채로 결혼을 하게 되면 부부갈등으로 이어질 가능성이 높다. 경계선이 분명하지 않으면 내 마음이 상대방의 마음이라고 여기며 상대를 조종하거나 심리적으로 의존하게 만들 수 있다. 가족이라 하더라도 한 인간으로 존중하고 상대를 알려는 노력을 통해 건강한 관계를 형성할 수 있다. 부모는 청소년의 독립하고자 하는 마음을 격려하고 자녀가 자율성을 기르고 스스로 책임질 수 있도록 한 걸음 뒤에서 충분히 기다려 주고 믿어주는 것이 중요하다. 특히 자녀가 청소년기에 접어들면 또래와의 친교가 더 활발해지고 성적인 관심도 높아지면서 가족과 분리되고 싶은 마음이 커지게 된다. 그러므로 부모는 자녀의 이러한 마음을 충분히 받아주고 자녀가 죄책감을 느끼지 않도록 지지하고 격려하여야 한다. 심리적 자립은 나라는 존재를 그대로 느끼고 자신이 있는 그대로 사랑받을 수 있는 존재라는 믿음을 통해 형성되고, 이를 통해 험난한 세상을 살아갈 힘과 용기를 갖게 된다.

3) 최적의 좌절을 경험시키기

우리나라 부모들은 특히 자녀 교육에 많은 관심을 가지고 자녀의 욕구에 매우 민감하게 반응하면서 지나치게 공급하거나 부족함을 채우기 위해 전전긍긍하는 경우가 많다. 하지만 이와 같은 과잉 공급은 자녀가 살아가는 데 저항력이 약해져 자녀를 취약하게 만들 수 있다. 특히 교육 기간의 연장과 취업난과 같은 사회적 상황은 자녀가 부모에게서 독립하고 의존성을 벗어나는 것을 더욱 어렵게 할 수 있다. 특히 불안정한 부부관계로 인해 한쪽 부모(주로 어머니)가 자녀에게 과도하게 관심을 가지고 몰두하는 행동은 자녀를 더 많은 압박감에 시달리게 할 수 있다(Nasio, 2011).

우리가 살아가면서 어느 정도 견딜 수 있는 좌절은 상처로 남기보다 스스로 극복할 수 있는 기회이기도 하다. 인생의 과도기 속에서 사랑하는 자녀의 내면에 무슨 일이 벌어지고 있는지를 이해하고 귀 기울이며 기다려 주는 부모의 태도를 통해 자녀는 자신의 문제를 다룰 수 있는 힘을 얻는다. 부모가 자녀에게 표현하는 비난과 인정 모두 자녀를 통제하는 수단이 될 수 있으므로 인정을 갈구하거나 칭찬에 매달릴 필요 없이 자녀가 내면의 당당함으로 자기 자신을 있는 그대로 받아들일 수 있도록 도와주어야 한다. 그러므로 자녀가 혼자 힘으로 적절히 다룰 수 있도록 부모의 버텨주고 믿어주는 과정은 자녀 스스로 자신을 진정시키고 위로할 수 있는 힘을 키울 수 있게 한다(권경인, 2018).

4) 부모 자신의 한계를 알리고 사과하거나 협력을 부탁하기

부모가 자신의 단점과 실수를 자책하기보다 편안하게 받아들이고 부모 역시 감정과 욕구를 가진 한 인간으로서 가장 자신다울 때 자녀와 소통할 수 있으므로 자녀에게 부모의 감정을 존중하도록 부탁하는 것도 중요하다(Brackett, 2019). 부모라 하더라도 실수할 수 있지만 중요한 것은 실수한 후에 부모도 항상 옳을 수 없음을 자녀에게 솔직하게 인정하고 상대에게 사과를 구하는 것이다. 특히 그 상대가 자녀인 경우 부모는 자신의 권위에 손상을 입힌다고 여길 수 있기 때문에 더욱 쉽지 않다. 하지만 필요한 경우 변명이나 설명이 아닌 적절한 사과를 해야 하고 어른이란 이유로 용서를 강요하는 것은 또 하나의 폭력이 될 수 있음을 기억해야 한다(권경인, 2018). 부모 자신도 불완전한 인격체임을 인정하면서 조금씩 나아지기 위해 노력하는 모습이 건강한 삶의 태도이고 충분히 괜찮은 부모의 모습일 수 있다.

5) 자녀의 욕구를 알아차리고 읽어주기

청소년기는 아직 인지적으로 충분히 발달하지 않고 정서적으로 불안정한 시기이며, 자신이 무엇을 느끼는지도 잘 모르기 때문에 자신이 느끼는 바를 정확히 표현하거나 불편을 말로 전달하기가 성인만큼 쉽지 않다. 그러므로 자녀가 느끼는 고통과 불편함을 적절한 단어로 표현해주고, 비언어적인 몸짓, 어조, 억양, 음성 등 다양한 요소를 관찰하면서 정성을 다해 들으려고 노력해야 한다. 자녀가 입을 다물고 있는 것은 소통을 거부해서라기보다 자신의 내부에서 일어나고 있는 일을 본인도 잘 모르고 그것을 꼬집어서 말하기가 더욱 어려울 수 있다는 것을 기억해야 한다(Nasio, 2011). 청소년은 무의식적인 고통을 의식적으로 경험하거나 말로 표현하기보다 충동적 행동으로 나타내는 경우가 많으므로 자녀의 언어적, 비언어적 표현(의사소통에서 언어적인 메시지보다 비언어적인 메시지가 거의 80% 이상을 차지한다)과 몸과 마음의 상태에 주의를 기울이고 관심을 주어야 한다.

자녀의 말을 들을 때는 거부적이고 공격적으로 나타날 수 있는 자녀의 태도나 행동에 초점을 맞추기보다 자녀가 전달하고자 하는 메시지의 내용(속마음; 주로 좌절감)에 관심을 기울이는 것이 중요하다. 발달 시기에 따른 또래 관계에서의 갈등, 학업 수행의 압박감, 자아 정체성의 혼란, 성호르몬의 과대 방출로 인해 자녀 스스로 변화하는 자신의 신체적 심리적 상태에 매우 불안정하고 혼란스럽게 느낄 수 있으므로 부모는 자녀의 어려움을 충분히 공감하고 조급하지 않은 마음으로 믿어주는 것이 중요하다. 자녀는 부모가 자신을 있는 그대로 사랑해주고 긍정적으로 지지해 주면 자신의 독립성과 의존 사이에서 갈등하면서도 부모에게 의지하고 싶은 욕구가 있다. 그러므로 자녀가 부모에게 부담이 될 것이라는 걱정 없이 부모를 신뢰하고 나눌 수 있도록 충분히 알아차리고 안정감 있게 반응해주어 이 세상에 혼자가 아님을 확신시켜주어야 한다(이영민, 2022). 대체로 부모는 자녀에게 자신이 주고 싶은 것을 주고 자녀가 고마워하기를 바라고, 반대로 자녀가 원하는 대로 움직이지 않을 때 분노한다. 하지만 우리의 자녀는 부모의 잔소리를 참아내고, 힘든 학교생활을 견디며 한편으로는 친구 관계의 어려움을 혼자 삭이기도 하면서 하루하루 최선을 다하고 있음을 기억하고 부모는 자녀가 가정에서 안심하고 편안하게 몸과 마음을 쉴 수 있는 안식처로 느끼게 하는 것이 무엇보다 중요할 것이다.

6) 부모 효능감 높이기

사춘기 자녀를 둔 부모는 부모 역할에 자신감을 상실하거나 효능감을 잃을 수 있다. 왜냐하면 자녀가 부모의 권위나 위계적인 상황을 거부하고 부모 문화나 가치를 공격하는 태도를 취하면서 부모에게 거리감을 느끼게 하고 부모로서 어떻게 반응해야 할지 혼란스럽게 만들 수 있기 때문이다. 하지만 거칠어지는 자녀의 언행은 조금씩 자라나는 자아를 과하게 표현하는 과정이며 일시적일 수 있으므로 부모가 이를 견뎌주고 눈감아 주는 너그러움이 필요하다. 이런 과정에서 부모가 느끼게 되는 좌절감을 배우자와 함께 나누거나 서로 협력할 때 부모로서 자신감을 갖고 부모다움을 잃지 않으면서 양육에 참여할 수 있게 된다. 부모로서 자녀와 유대감을 형성하고 친밀감을 갖기 위해 노력하는 그 자체가 중요하며 많은 시행착오를 통해 조금씩 효능감을 높일 수 있을 것이다(이영민, 2022).

조사에 의하면 사춘기 자녀는 어려움에 처했을 때 가장 도움을 청하고 싶은 대상이 친구 다음으로 부모라고 답하였다. 이렇게 자녀는 자신이 고민이 있거나 심리적 어려움을 느낄 때 부모에게 알리고 도움을 청하고 싶다고 응답하였지만, 막상 부모에게 알렸을 때 부모가 지나치게 걱정하여 문제해결에 도움이 되지 않을 것 같거나, 부모가 이미 너무 힘든 상태여서 자신이 걱정을 보태어 짐이 될 수 있다고 여기면 부모에게 알리는 것을 꺼리는 경향을 나타냈다. 그러므로 어른으로서 권위(권위주의가 아닌)를 가지고 자녀가 안심하고 지지를 구할 수 있는 힘 있는 부모의 모습을 느끼도록 하는 것도 중요하다. 빠르게 변화하는 현대 사회에서 부모 역할도 배움과 꾸준한 노력이 요구되며 단지 자녀를 낳았다고 해서 저절로 좋은 부모가 되기는 어렵다. 그러므로 자녀의 기질과 발달기적 특성을 충분히 이해하고 그에 따른 부모로서 적절한 반응과 양육방법을 배우고 익히려는 노력을 통해 조금씩 부모 효능감이 높아질 수 있을 것이다(이영민, 2022). 다음은 자녀와 공감적인 관계를 갖기 위한 3단계로 이를 통해 자녀에게 더욱 친근하게 다가갈 수 있을 것이다.

자녀와 공감적인 관계를 위한 3단계

1) 헤아리기: 자녀의 문제 행동에 초점을 맞추기보다 화나고 짜증 나는 마음을 알아주고 감정이 추스러질 때까지 기다려주기

2) 어루만지기: 자녀의 힘든 마음을 충분히 타당화해주고 달래주는 것. 위협이나 경고가 아니라 걱정으로 자녀가 자신의 삶을 책임지고 돌볼 수 있도록 격려하기

3) 단호하기: 자녀의 행동이 타인에게 피해를 주거나 자신에게 해를 끼칠 수 있는 경우 부모의 단호한 태도가 필요함. 자녀 양육은 '수용'과 '한계'의 적절한 균형이라고 말할

수 있으므로 부모로서 수용할 수 있는 것과 수용할 수 없는 것을 명확히 알게 하여 한계를 설정하는 것이 중요함.

(이영민, 2022)

7) 의사소통 증진을 위한 조하리의 창 활용

조하리의 창(Johari's windows)은 미국의 심리학자 조셉 루프트(Joseph Luft)와 해리 잉햄(Harry Ingham)이 1995년에 창안한 개념으로 '조하리'는 이들의 이름을 합친 것이다. 그들은 대인관계에서 자신이 어떻게 보이는지와 어떤 성향을 가지고 있는지를 알 수 있도록 하기 위해 마음을 창문에 비유하여 모델을 만들었다(Luft & Ingham, 1955). 일명 '마음의 창', '마음의 4가지 창'이라고도 불리는 이 모델은 '대인관계능력 강화'를 위한 교육과 컨설팅 현장에서 많이 활용되고 있는데, 구체적 내용은 다음과 같다.

그림 1 조하리의 창(Johiri's window)

	자신이 아는 부분	자신이 모르는 부분
타인에게 알려진 부분	공개 영역	맹목 영역
타인에게 알려지지 않은 부분	비밀 영역	미지 영역

조하리의 창은 총 4개의 부분으로 이루어져 있다. 모든 창문에는 생각(Think), 감정(Feeling), 행동(Behavior), 경험(Experience), 동기(Motivation) 등이 들어있고 창문의 가로축은 자신이 아는 부분과 모르는 부분, 세로축은 타인에게 알려진 부분과 타인에게 알려지지 않은 부분으로 구성되어 있다. 이 모델에 따르면 모든 사람의 마음은 총 4

개의 부분을 모두 가지고 있지만 사람의 성향에 따라 각각 다르게 나타난다. 따라서 대인관계에서 자기가 어떻게 하는지에 대한 각 부분들의 크기를 알면 자신의 성향을 이해하는 데 도움이 될 수 있다.

구체적으로 각각의 마음의 창을 살펴보면, 내가 알고 남도 아는 부분(Open－공개 영역), 나는 알지만 남은 모르는 부분(Hidden－비밀 영역), 나는 모르지만 남은 아는 부분(Blind－맹목 영역), 나도 남도 모르는 부분(Unknown－미지 영역)으로 구성되어 있다. 실제 상담과 교육현장에서 대인관계와 의사소통에서 어려움을 호소하는 사람들은 자신의 맹목 영역을 잘 모르는 경우가 많다. 그런 이유로 '내 마음은 그렇지 않은데 다른 사람이 나를 오해해서 억울하다'는 하소연을 하는 경우가 발생한다. 따라서 의사소통을 원활히 하고 대인관계를 강화하기 위해서는 비밀 영역은 줄이고 맹목 영역을 알아차림으로써 남들이 아는 나와 내가 아는 나의 격차를 줄이는 노력이 필요하다(노미애, 2012).

소통을 증진하고 대인관계를 강화하기 위해서는 자기이해가 선행되면 좋다. 모든 사람에게 비밀 영역을 드러낼 필요는 없지만, 가까운 사람에게 이 부분을 드러내는 것은 나도 모르는 사이에 관계에 영향을 미칠 수 있기 때문이다. 조하리의 창은 소통 증진을 위한 첫 번째 단계로 자기 노출을 통해 공개 영역을 늘려 비밀 영역을 줄이기를 권한다. 하지만 일반적으로 사람들은 비밀을 남에게 털어놓고, 자기 공개하기를 꺼려 한다. 이는 자신의 취약한 부분을 노출시킬 때, 조언, 비난, 충고 등을 듣게 될까 봐 두렵기 때문이다. 그러나 원활한 대인관계를 위해서는 비밀 영역을 줄이는 노력이 필요하다. 상호이해는 서로의 어려움을 알고 공감하는 데서 비롯되기 때문이다. 따라서 주변 사람들 중에 자신을 평가하지 않고 있는 그대로 받아주는 사람을 찾아 자신의 속마음을 털어놓고 비밀을 개방해보는 도전이 필요하다. 만약 이런 과정이 쉽지 않다면 자신의 행동을 타인의 행동인 양 바라보고 다른 사람의 입장에서 생각해 보는 과정을 노트에 적어 자기 객관화를 연습해 보는 과정도 도움이 된다(노미애, 2012).

두 번째는 자신이 자신을 모르는 부분에 대한 솔직한 피드백을 요청하고 받아들이는 과정을 반복하는 것이다. 이 역시 주변 사람들 중 자신을 있는 그대로 이해해 주고 솔직히 피드백해 줄 수 있는 사람과 함께 도전해 보면 도움이 된다.

4 부모 역할의 중요성

바람직한 부모 역할이란 자녀가 자기 자신의 모습으로 자기를 존중하는 자연스러운 인간으로 성장하도록 돕는 일이라고 할 수 있다. 특히 현대 사회에서 가족체계의 구성이 점차 복잡하게 변화하면서 자녀의 건강한 발달에 양육자가 어떤 역할을 하는지가 매우 중요해졌다. 가족관계와 상호작용 양식은 자녀의 유능성 발달과 여러 측면의 발달과업 등에서 성공적인 적응을 위한 핵심이라고 할 수 있다. 즉 자녀가 학교에서 성공적인 발달과업을 습득하고 원만한 대인관계를 익히며 나아가 심신이 건강한 성인으로 자라기 위해 선행적으로 갖추어야 할 조건이 바로 가족이 제공하는 관심과 비공식적인 교육이며 중요한 자원이라고 할 수 있다(Adams & Christenson, 2000).

부모의 성공적인 양육 행동은 사랑과 애정을 바탕으로 자녀에게 지속적인 관심과 주의를 기울이는 공감적인 부모의 마음에서 시작되며 이를 통한 부모자녀의 효과적인 상호작용은 자녀에게 안정된 정서적 관계 즉 안정애착을 형성하여 적응 유연성과 발달을 촉진시킨다. 특히 관계성이 높은 부모의 반응 태도는 자녀의 또래 수용, 우정의 질, 이타심, 도덕성 발달 수준 등 사회 정서적 결과에 영향을 미친다(Maccoby & Martin, 1983). 부모로서 자녀에게 완벽하게 좋은 부모가 되고 싶다는 열망을 가질 수 있겠지만 자녀에게 늘 그 자리에서 자신을 응원하고 지지한다는 믿음을 주는 것만으로도 충분히 괜찮은 부모라 할 수 있고 부모 스스로도 노력하는 자신에 대해 자부심을 갖는 것이 필요하다(권경인, 2018). 다음은 충분히 괜찮은 부모가 되기 위한 기본적인 부모의 역할을 자세히 설명한 것이다.

1) 자기대상으로서의 부모(심리적 산소 제공자)

부모는 자녀가 인생에서 처음 만나는 자기대상으로서 자녀의 심리적 기능을 충족시켜주어야 한다. 심리적으로 불안정하고 위로가 많이 요구되는 어린 시절 자녀는 자신의 마음을 반영해주고, 위로해주며, 같이 버텨주는 부모의 공감을 통해 마음이 성장하고 단단해져 궁극적으로는 부모의 도움 없이도 스스로를 위로할 수 있게 된다. 이러한 자기대상을 통해 자녀는 자기에 대한 감각을 긍정적으로 갖게 되고 삶의 도전에 좌절하지 않고 직면할 수 있는 힘을 갖게 된다. 하인즈 코헛은 인간은 생존을 위해 산소가 필요하듯이 심리적으로 건강한 성인이 되기 위해서는 지속적인 자기대상의 공감적 반영을 필요로 한다고 하였다(Segal, 2002). 인간은 이해받고 공감받으면 있는 그대로 자기 자신(참자기)으로 살아도 된다고 내면화하고 이를 통해 자신을 적절히 개방하고 타인과 편안하게 관계를 맺을 수 있게 된다. 반면 부모로부터 공감보다는 비난받으며 제재당하고 자란 어린 시절 경험은 그렇게 느끼지 않아도 될 대상을 만나도 응징과 비난을 예상하여 긴장하고 위축되는 모습으로 반응하게 할 수 있다. 특히 심리적으로 불안정한 청소년기의 자녀에게 자기대상으로서의 부모 역할이 그 어느 때보다 중요하다고 볼 수 있다.

반면 부모의 자기대상 반응이 과도하고 지나치면 자녀를 무기력하게 만들 수 있다. 다시 말해서 자녀의 상태를 객관적으로 받아들이기보다 과도한 기대와 격려를 보내면 자녀는 부풀려진 자신을 감당하기 힘들어하며 잠재력이 약화될 수 있다(권경인, 2018). 또한 자녀가 부모의 기대에 자신이 부응하지 못한다고 여기게 되면 수치심을 느끼고 심한 경우 자신을 부끄러운 존재로 여기며 게임, 니코틴, 미디어 중독 등 외부 대상에 의존할 수도 있다.

2) 사회적 학습경험 제공자

자녀의 아동기부터 성인기에 이르기까지 제공되는 부모의 역할은 자녀의 언어적 사회적 학습경험을 제공하고 자녀가 성공적으로 발달과업을 수행하는 데 보호 요인으로 작용한다. 이러한 성공적인 부모 역할 수행을 통해 자녀는 도전적인 삶의 조건을 더욱 유연하게 다룰 수 있게 되며 적응적인 성인으로 성장할 수 있다(Goldstein & Brooks, 2009). 일차 양육자의 민주적인 의사소통과 개방적이고 융통성 있는 양육방식은 자녀의 성장과 발달에 결정적인 역할을 하며 자녀의 학업성취, 대인관계 기술, 갈등 해결 기술에 영향을 미친다(Costigan et al., 1997). 연구 결과에 의하면 부모의 긍정적이고 일관된 자녀 양육방식은 자녀가 스트레스를 느낄 때 더욱 적응적이고 창의적인 방식으로 해결하는 것과 상관을 이룬다(Wyman et al., 1991).

3) 자녀의 감정조절 훈련자

부모와 자녀 관계에서 자녀가 자신의 감정을 조절하는 전략의 원천은 부모로부터 나온다. 부모는 자녀의 감정을 읽어주고 옳고 그르다는 판단과 선별 없이 표현할 수 있도록 허용해야 한다. 자녀의 뇌는 무의식적으로 부모가 허용하는 범위에 맞추어 감정을 표현하려고 하며 부모에게 부정당한 감정은 은폐되고 억압될 수 있다. 부모와 자녀는 상호 '협력적 조절'을 통해 서로의 감정과 행동에 영향을 미치게 되므로 양육자가 따뜻함, 반응성, 민감성 등을 나타내면 자녀는 자신의 모든 감정을 수용하고 건강하게 해소하여 스트레스를 완화하고 안정감을 높일 수 있다. 부모가 자녀의 기분을 알아차리고 다독이며 공감해주는 과정을 통해 자녀는 자신의 충동을 조절하고 타인의 기분을 읽을 수 있고 스스로에게 동기를 부여할 수 있게 된다. 가정에서 부모가 하는 말과 행동을 통해 자녀는 자신의 감정에 다른 사람이 어떻게 반응하는지 또 이를 어떻게 알아차리고 표현해야 하는지를 배우게 된다. 이를 통해 자녀는 분노나 불안, 두려움보다 창의성, 대인관계, 의사 결정력 등을 키울 수 있는 기회를 갖게 된다(Brackett, 2019). 특히 청소년기는 많은 가능성을 갖고 삶의 고귀한 가치들을 받아들이는 시기이기도 하므로 자신의 감정을 부인하거나 과잉 반응하기보다 스스로에 대한 진실을 마주하면서 내면의 힘을 기를 수 있게 된다(Nasio, 2011).

부모는 자녀의 감성지능이 개발되도록 감정이나 정신상태에 관해 대화를 나누는 것이 좋다. 다양한 감정 단어를 사용해서 무엇 때문에 그런 감정을 느꼈는지 그것이 다른 사람에게 어떤 결과를 초래하는지에 관해 이야기하여 자녀의 감정에 대한 개념체계를 발달시킬 수 있다. 이것을 통해 자신의 감정을 타인과 나누고 더 효과적으로 영향을 미칠 수 있는 평생기술을 획득하도록 돕는 것이다(Barret, 2017). 특히 청소년기는 뇌 기능이 활발히 발달하는 시기이므로 자녀 스스로 풍부한 감정을 조절할 계기를 만들어 주거나, 메타 인지적 자극, 재평가, 문제해결 등과 같은 부모의 협력적인 조절 반응은 자녀의 자기조절 능력을 발달시킬 수 있다. 연구 결과에 따르면 정교하게 감정을 표현하는 부모의 자녀가 자신의 감정조절을 더 능숙하게 한다는 사실을 발견했다(김주환, 2023). 이와 같이 자신의 감정 상태를 적절히 표현하는 능력은 타인의 도움이나 위안을 얻는 데 효과적이고 공감 능력도 상승한다.

부모가 감정을 조절할 줄 알아야 자녀도 감정을 조절할 수 있다. 부모의 극단적인 감정반응은 자녀의 뇌구조를 변화시킬 수 있다. 자녀가 버릇없이 군다고 느낄 때마다 가능한 감정에 휘둘리지 않고 공정하고 이상적인 부모 모습을 상상하면서 분노를 터뜨리기를 멈추는 것이 중요하다. 이처럼 부모로서 통제력 있는 태도를 취하기 위해 스스로 노력하고 주의장치를 만드는 것도 한 가지 방법이 될 수 있다(Brackett, 2019).

4) 부모자녀는 끊임없이 서로 스트레스를 주고받는다.

아이들은 끊임없이 부모를 관찰한다. 당신의 자녀는 갓 태어난 순간부터 당신의 어조, 표정, 모든 동작과 스킨십, 보디랭귀지 등을 읽고 분위기를 감지한다. 부모의 스트레스를 힘없고 약한 존재인 자녀에게 은근하게 표현하여 정서적 쓰레기통으로 이용하거나 아직 감당할 수 없는 이야기를 말하는 것은 또 하나의 폭력이 될 수도 있다. 특히 청소년 자녀를 둔 부모가 특히 유념해야 할 점은 우리 뇌의 편도체 활성화는 전염성이 강한데, 예를 들어 공동체의 한 구성원이 공포와 두려움을 느끼면 다른 구성원에게도 즉각적으로 전달되도록 진화해왔다는 것이다. 그러므로 부모가 화를 내거나 불안해하면 자녀의 마음도 불안해지고 짜증 나게 되는데, 이처럼 부모의 정서 상태는 자녀의 건강한 두뇌발달에 강력한 영향을 미치는 중요한 환경이라고 할 수 있다(김주환, 2023).

부모의 진정성이 부족하거나 내적 경험과 외적표현이 일치하지 않는 불일치 반응은 자녀를 혼란스럽게 만들 수 있다. 자녀가 부모와의 상호작용을 거부하고 핸드폰에 열중하는 것과 마찬가지로 부모 또한 자녀와의 부정적 상호작용을 피하기 위해 전자기기에 관심을 돌리고 자녀를 무시하는 상황도 왕왕 일어난다. 부모가 스마트폰에 몰입하는 태도는 자녀에게 자신이 중요하지 않다고 느끼도록 만들고 그 결과 부모의 관심을 이끌기 위해 더 거칠게 반응을 유발하거나 자녀의 전자기기 몰두로 이어져 자기통제력 감소, 정서적 불안정 등을 야기할 수도 있다(Twenge, 2018).

빌드업 패밀리: 부모자녀의 효과적 의사소통

2강

청소년기의 이해

서울상담심리대학원대학교 마음건강연구소

Ⅰ. 청소년기의 특성

2강_ 청소년기의 이해

I 청소년기의 특성

1 청소년기의 정의와 개괄적 특성

청소년기(Adolescence)는 소년기에서 청년기로 넘어가는 과도기로서 아이도 아니고 어른도 아닌 불안정과 불균형의 시기이다. 이 때문에 청년심리학의 아버지로 불리는 Hall은 청소년기를 '질풍노도의 시기(A Period of storm and stress)'라고 하였다(정옥분, 2004). 이 말은 독일의 작가 괴테와 실러에게서 빌려 온 표현으로 청소년기의 혼란스러움을 잘 드러내는 표현이다.

특히, 최근 우리나라에서는 청소년(Adolescent)[1]의 특성을 '중2병', '괴물(시사IN, 2012.01.25)', '외계인(김영아, 2012)' 등으로 부를 만큼 이들의 발달적 특성으로 인해 부모와 교사는 물론이고 사회 전체가 당황하고 있다(김영희, 최보영, 2015; 박영신, 김의철,

1) 심리학자 Hall의 저서 『Adolescence(청소년기)』에 따르면, adolescence는 라틴어 동사 'adolescere'에서 유래했고, 이는 '성장하다', '성숙에 이르다', '미숙한 상태를 벗어나다'를 의미한다. 따라서 소년과 청년의 합성어인 청소년(Adolecent)은 어린이와 성인의 중간 단계로 성숙에 이르도록 성장하는 사람을 일컫는 것으로 조작적으로 정의할 수 있다.

2003; 정경숙, 오은주, 2022; Brezina, Piquero, & Mazerolle, 2001). 따라서 이들을 수용하고 잘 성장하도록 돕기 위해 이들의 발달 특성에 대한 깊은 이해와 세심한 돌봄이 필요한 시점이다.

사춘기(思春期)의 사전적 정의는 '육체적 · 정신적으로 어른이 되어가는 시기'이다. 육체적으로는 뇌와 호르몬 체계의 변화가 일어나고, 정신적으로는 심리, 사회, 인지적 측면에서 다양한 변화가 일어난다. 인생의 긴 여정에서 보았을 때 이러한 변화는 비교적 짧은 시간 동안 폭발적으로 일어나기 때문에 청소년들은 이렇듯 극도의 혼란스러운 시기를 '중2병', '괴물', 혹은 '외계인' 등의 모습으로 경험하게 된다. 어른들의 눈에 이러한 모습은 다소 유난스러워 보일 수도 있지만, 이러한 변화를 통해 청소년은 '독립'을 준비한다. 의존하는 '아이'가 아닌 독립적인 '어른'이 되기 위한 준비를 하는 것이다. 즉, 청소년기는 '혼란'의 시기이자 '변화의 기회'이기도 한 셈이다. 발달 심리학자 에릭슨(Erickson)도 청소년들이 발달의 위기를 잘 극복하고 통합하면 성숙과 성장이 일어난다고 하였다. 따라서 어른인 우리는 청소년을 '어른이 되기 위해 고군분투하고 있는 아이'의 모습으로 바라보며 따뜻한 응원을 보낼 필요가 있다.

한편, 청소년기의 특성에 대한 연구가 많이 이루어짐에 따라 청소년기의 시기를 확대하고 더 세분화하여 청소년 전기, 청소년 후기로 구분하기도 한다(김영신, 김승희, 2022; Samples, & Aber, 1998). 청소년 초기는 대략 10대 초중반의 학생을 일컬으며 이 시기는 대체로 2차 성징이 일어나고 심리적 독립을 시작하려는 시기이다. 청소년 후기는 대략 10대 후반부터 20대 초반으로 심리적 독립을 위한 정체성 방황, 직업에 대한 고민, 이성 문제 등을 경험하는 시기이다. 청소년 초기이든 청소년 후기이든 이들 청소년기의 공통된 발달 과제는 앞 단락에서 설명한 바와 같이 '심리적 독립'을 위한 '정체성(Identity)' 발달이다.

이렇게 청소년기는 아이에서 성인으로의 극적인 발달을 이루기 위해 극도의 혼란을 경험하는 시기이기도 하고, 그들의 보호자인 교사와 부모의 입장에서는 이해하기 힘든 행동으로 당황하는 시기이기도 하다. 이런 발달의 과정을 심리학에서는 에릭슨의 심리 사회 발달이론을 비롯한 여러 발달이론을 바탕으로 이해해왔는데, 최근 과학기술의 발달로 뇌신경과학 측면에서도 이를 뒷받침하는 실제적 증거들이 제시되고 있다. 이에 본 교육에서는 최근 보고되고 있는 뇌과학적 측면에서 청소년의 뇌의 특성을 우선적으로 살펴보고, 이후 에릭슨의 심리 사회 발달이론을 중심으로 청소년의 신체발달, 인지발달, 심리적 부적응 등에 대해 살펴보겠다.

2 청소년기의 신체발달

1) 청소년기의 뇌발달

과거 청소년의 뇌는 성인의 뇌와 같은 상태일 것이라고 생각했다. 그러나 자기공명영상(MRI)과 양전자방사단층촬영(PET) 기술의 발달로 인해 최근 20~30년 동안 청소년과 성인 뇌의 차이점이 괄목(刮目)할 정도로 보고되고 있다. 이에 따라 청소년들이 왜 그렇게 혼란스러워하고 감정적이고 충동적인지, 때론 게으르고 지나치게 자기중심적인지 그 이유를 보다 과학적으로 알 수 있게 되었다. 우선, 뇌의 구조와 발달 과정에 대해 개략적으로 설명하고, 이를 바탕으로 청소년 뇌의 특성을 살펴보도록 하겠다.

뇌의 구조는 <그림 2>와 같이 크게 전뇌(forebrain), 중뇌(midbrain), 후뇌(hindbrain)로 나눌 수 있으며, 전뇌는 다시 대뇌(cerebrum)와 간뇌(diencephalon)로 나뉜다(Banich & Compton, 2018). 청소년기는 정서와 인지 기능이 폭발적으로 성장하는 시기인데, 이를 이해하기 위해서는 대뇌를 좀 더 자세하게 살펴볼 필요가 있다. 대뇌의 가장 바깥쪽에 있는 껍질 부분을 피질(cortex)이라고 하는데, 그 안쪽에 기저핵(basal ganglia)과 변연계(limbic system)가 자리 잡고 있다. 청소년기는 인지기능을 관장하는 대표 영역인 대뇌 피질과 정서기능을 관장하는 대표 영역인 변연계 간 패권 다툼이 일어나는 시기라고 해도 과언이 아니다. 두 영역 간의 치열한 공방에 대해서는 이후에 다시 살펴보기로 하고, 우선은 각 영역의 기능을 간단히 살펴보겠다. 대뇌 피질은 전두엽(Frontal lobe), 두정엽(Parietal lobe), 측두엽(Temporal lobe), 후두엽(Occipital lobe), 섬엽(Insular)[2]으로 구성되어 있다(Banich & Compton, 2018). 이 중 전두엽은 다른 영역들에 비해 대뇌 피질에서 차지하는 범위가 넓고 다양한 기능들과 관련되어 있다. 전두엽의

2) 외측열(전두엽 및 두정엽과 측두엽이 나눠지는 깊은 고랑) 안쪽에 있는 피질로 다른 엽과는 달리 겉에서 보이지 않음.

앞부분을 전전두피질(prefrontal cortex, PFC)이라고 하는데, PFC는 목표지향적 행동, 추론 및 판단 등 고위 인지 기능, 행동 및 정서, 인지에 대한 조절 및 통제 기능 등에 관여한다. 이러한 기능들은 우리가 인간으로서 성숙하는 과정에 필수적인 요소라고 할 수 있다. 변연계는 단일한 구조물이 아니라 정서정보 처리에 관여한다고 여겨졌던[3] 다양한 영역들을 통합적으로 지칭하는 용어로, 편도체, 시상하부, 대상피질, 전측 시상, 유두체, 해마 등을 포함한다. 변연계의 성숙에 따라 인간은 슬픔, 우울, 불안, 화, 충동 등 다양한 정서를 경험하게 된다. 문제는 뇌의 영역들이 상호 합의에 따라 동일한 속도로 발달하지는 않는다는 데 있다.

그림 2 뇌의 구조

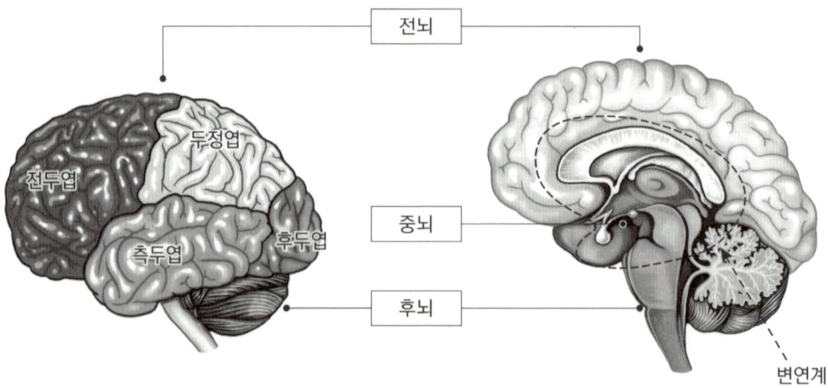

뇌의 각 영역이 동일한 속도로 발달하지 않는다는 사실은 여러 연구들에 의해 밝혀져 왔다. 사춘기 전후의 소아 및 청소년을 대상으로 10년 동안 2년 주기로 MRI 스캔을 통해 뇌의 구조적 변화를 조사한 연구팀은 감각, 운동 등 보다 기본적인 기능을 담당하는 뇌의 영역이 먼저 성숙해진 후 보다 복잡하고 통합적인 기능을 하는 영역들

3) 현재는 정서정보 처리 외에도 학습, 기억 등 다양한 기능과 관련되어 있음이 보고되고 있음.

이 나중에 성숙해짐을 보여주었다. 연구팀에 따르면, 뇌의 성숙은 두정엽에서 시작하여 전두엽과 후두엽으로 이어지고 측두엽이 가장 마지막으로 성숙되는데, 전두엽 내에서도 전전두피질은 사춘기 후기쯤 되어야 성숙해진다(Gogtay, et al., 2004). 신경심리학자인 Goldberg(2001)가 그의 저서 『집행하는 뇌』의 부제를 "전두엽과 문명화된 정신"이라고 달아 놓은 데에는 다 그럴만한 이유가 있는 것이다. 전두엽은 청소년이 지금 당장 새로 출시된 게임을 하고 싶지만 내일 시작하는 중간고사 이후로 미룰 수 있게 해주고, 부탁을 거절한 친구의 행동에 불같이 화가 나지만 친구가 왜 그랬을까를 생각하게 해준다. 하등 동물이 고등 동물로 진화하고, 수렵채집 사회에서 4차 산업혁명 시대로 발전하는 데에는 시간이 필요하다. 그리고 아이가 어른이 되는 데에도 시간은 필요하다. 청소년은 아직 문명화되지 않은 어른이다. 엄마 아빠보다 더 큰 어른의 옷을 입고 있어도 아이들의 뇌는 어른들의 이해와 안내가 필요하다. 아이들이 문명화되었을 때, 이 사회에서 얼마나 중요한 역할을 하게 될지는 그들을 바라보는 어른들의 시선에 달렸다. 이러한 기본 지식을 바탕으로 청소년기 뇌발달의 특징을 살펴보면 다음과 같다.

가. 변화하고 있는 뇌

- 뇌 기능이 폭발적으로 증가하기도 하는 반면, 가장 취약하기도 하다.

이제는 더이상 우리가 태어날 때 이미 '완성된 형태의 뇌'를 가지고 태어난다고 생각하는 사람은 없을 것이다. 뇌는 평생에 걸쳐 발달하며 변화한다. 뇌는 신경세포(neuron)와 교세포(glia)로 구성되어 있다. 인지, 정서, 기억 등 뇌의 기능이라고 알고 있는 것들은 신경세포들 간의 연결을 통해 이루어지지만, 이러한 신경세포들의 기능을 원활하게 하는 데에는 교세포가 중요한 역할을 한다. 우리가 흔히 뉴런이라고 알고 있는 신경세포는 뉴런 발생(neurogenesis), 시냅스 형성(synaptogenesis), 수초화(myelination), 가지치기(pruning)의 일련의 과정을 거치며 발달한다. 뉴런은 임신 6개월 경 대부분 형성되지만, 뉴런의 기능과 위치에 따라 시냅스 형성, 가지치기, 수초화는 성인기까지도 계속 진행된다(Banich & Compton, 2018). 우리가 생각하고 느끼는 모든 것은 우리의 내외부로부터 입력된 정보의 전달과 통합의 결과인데, 이러한 정보 전달은 뉴런의 연결, 즉 시냅스 형성을 통해 가능해진다. 뉴런은 세포체(cell body), 수상돌기(dendrite), 축색(axon)으로 구성되어 있는데, 정보는 전기적인 신호로 변환되어 수상돌기에서 축색 방향으로 이동한다(<그림 3>). 이때 선행 뉴런의 축색과 후행 뉴런의 수상돌기가 만나는 부분을 시냅스라고 부르는데, 선행 뉴런의 축색을 따라 내려오던 전기적인 신호가 시냅스에서 화학적인 신호(즉, 신경전달물질)로 바뀌어 후행 뉴런에 정보를 전달한다. 시냅스 형성이 일어나면 정보가 전달되기는 하지만 그 속도가 빠르지는 않다. 수초화는 축색 주변을 핍돌기교세포(oligodendrocyte)라고 불리는 교세포가 감싸는 과정인데, 이 교세포가 절연물질이기 때문에 축색을 따라 내려오던 전기 신호가 수초 사이사이를 건너뛰는 방식으로 이동하여 정보 전달 속도가 빨라지게 된다. 수초화가 이루어지고 나서야 비로소 정보의 전달이 원활해지는 것이다. 감각, 운동 등 기본적인 기능과 관련된 영역의 수초화는 발달 초기에 이루어지지만, 전두엽 등 보다 복잡한 수준의 기능과 관련된 영역의 수초화는 청소년, 성인기까지도 지속된다. 즉, 아이들은 태어나서 금방 듣고, 보고, 냄새를 맡고, 걷고, 움직이고, 말을 할 수 있게 되지만, '문명화'가 되는 데에는 시간이 필요하다. 그리고, 그 문명화가 어떤 방식으로 될 것인지는 청소년기에 뇌를 어떻게 단련시키는지와 관련이 있다.

그림 3 뉴런과 시냅스의 해부학적 구조

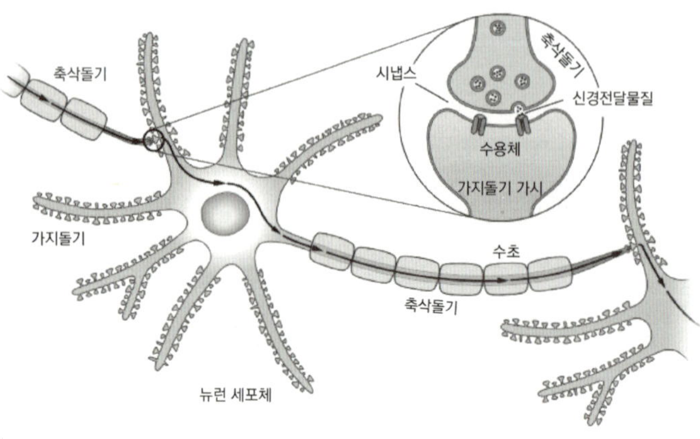

청소년의 뇌는 출생 직후의 변화를 제외하면, 단기간에 가장 크게 변화한다. 변화의 정도가 매우 커서 청소년의 뇌를 연구하는 신경과학자들은 '폭발적 변화'라는 표현을 쓰기도 한다(Jensen, Frances E., 2019). 이 시기의 변화는 뇌 기능의 증가 뿐만 아니라, 정교화 과정을 포함하고 있어서 매우 드라마틱하다. 출생 시부터 이미 뇌 속에 1,000억 개 이상 존재하고 있는 뉴런은, 사실은 아직 불이 켜지지 않은 전구와 마찬가지다. 청소년기의 뇌 속에는 전구들의 불을 켜기 위한 전선 연결, 즉 시냅스 형성이 폭발적으로 일어난다고 할 수 있다. 청소년의 뇌라는 큰 방의 구석구석을 밝히기 위한 전선 연결이 폭발적으로 일어나기에 청소년들은 때론 매우 똑똑해 보이고 여러 분야에서 재능을 발휘하며 자신의 잠재력을 실현하기도 한다. 실제로 기억력이 30% 증가하기도 한다(Sheryl Feinstein, 2010). 하지만 너무 많은 영역에서 과잉 공급되기 때문에 불필요한 전선 연결로 혼선이 생기기도 하고 성급한 연결로 누전이 생기기도 한다. 이런 과정을 이해하면 청소년이 왜 역할 실험을 하며 방황하고 혼란해하는지 이해할 수 있다. 청소년기의 뇌변화는 청소년 후기에 이르면 다른 양상을 띠게 되는데, 불필요한 연결이 혼선과 누전을 수습하기 위해 정리되고 없어진다. 즉, 가지치기(pruning)가 가속화되면서 남은 전선은 더욱 견고해진다.

우리는 이처럼 뇌가 환경이나 경험에 의해 변화하는 것을 '신경가소성(neuroplasicity)'이라 한다(Banich & Compton, 2018). 뇌는 태어나기 전부터 죽을 때까지 끊임없이 변화한다. 변화는 여러 가지 요인의 영향을 받는데, 그중 한 가지가 경험이라는 것에는 의문의 여지가 없다. 경험은 책을 읽고, 여행을 다니고, 피아노를 배우고, 운동하는 것만을 의미하지는 않는다. 내가 진실이라고 주장했던 것들이 다른 측면에서 보면 거짓일 수도 있다는 것을 깨닫는 과정, 친구와 다투고 난 후 무엇이 문제였을까를 곱씹어 보며 감정을 가라앉히고 친구와 화해하는 과정, 지금 당장 게임을 하고 싶지만 시험 뒤로 미루는 과정, 엄마 아빠가 서로 의견이 다를 때 어떻게 해결하는지를 지켜보는 과정 등 이런 모든 경험이 뇌의 변화와 성숙에 영향을 미친다. 이처럼 긍정적인 사회적 상호작용과 정서 경험, 사회적 지지, 충분한 운동과 영양 및 수면은 뇌의 발달에 좋은 영향을 미치지만, 부정적인 사회적 상호작용과 정서 경험, 사회적 결핍과 고립, 방임 및 학대, 스트레스, 불충분한 운동과 영양 및 수면은 청소년의 뇌에 부정적인 영향을 미친다. 그렇기 때문에 청소년의 뇌는 유능하면서도 취약하다. 이 시기의 청소년들이 매우 도전적이고 크게 약진하지만 자주 좌절하고 혼란스러워하는 이유도 이런 맥락에서 설명 가능할 것이다. 어쩌면 이 글을 읽고 있는 누군가는 차라리 우리가 '완성된 형태의 뇌'를 가지고 태어났더라면 이런 고통은 없지 않았을까 하는 생각을 하고 있을지도 모른다. 그러나 얼마 전 새로운 환경에 적응하지 못해 사망한 '인터넷 익스플로러'를 생각해 보라!

나. 미완성된 전두엽(Frontal lobe)

- 청소년은 성인과 같은 판단과 통찰이 어렵다.

전두엽은 뇌의 총 부피의 40% 이상을 차지한다. 이는 다른 동물들에 비해 매우 높은 비율을 차지하는 것으로 전두엽의 기능이 인간이 다른 종들과 구분되는 데 가장 기여하는 부분이다. 특히 전전두엽은 통찰, 계획, 판단, 추상적 사고 등의 고등 정신기능을 담당하는 부분으로, 자기인식의 근원이자, 위험 상황에서의 판단과 결정을 하는 부분이다. 그런데 청소년기에는 이 전두엽의 기능이 만들어지는 과정에 있는 것이다. 이런 이유로 청소년은 성인만큼 똑똑해 보이고 때론 성인보다 뛰어난 능력을 보이면서도 동시에 위험 상황에서 어이없는 어리석은 판단을 하기도 한다. 이는 영국 적십자에서 진행한 연구를 통해서도 입증되었다. 이 연구에 따르면, 10대 청소년 중 90%는 과음 등의 위기 상황을 접한 적이 있는데, 이들 중 44%는 '공황상태에 빠졌다'고 답했고, 46%는 '어떻게 대처해야 할지 전혀 알 수 없었다'고 보고했다(Amelia Hill, 2010).

다. 과잉 활성화된 편도체(Amygdala)

- 이성보다는 감정 영역이 활성화되어 있다.

편도체는 측두엽 안쪽에 있는 변연계의 한 부분으로 성적 행동과 정서적 행동에 관여한다. 특히, 편도체는 성호르몬에 민감한 부분으로 성호르몬 작용이 왕성한 청소년기에 더욱 활성화된다. 이런 이유로 청소년들은 상황판단에 있어서 이성적이기보다는 감정적이기 쉽다. 어른의 입장에서 보면 청소년이 과도하게 감정적이며 생각 없이 행동하는 듯 보이는 이유를 이런 관점에서 보면 이해할 수 있다. 실제로 뇌 스캔 사진을 연구한 결과를 살펴보면, 무표정한 얼굴 사진을 보여주었을 때 청소년은 편도체가 활성화된 반면, 성인은 전두엽이 활성화된 것을 볼 수 있다(Siegel, Daniel J., 2014). 이런 이유로 성인과 청소년이 의사소통할 때 오해가 생기고 서로 답답한 마음이 들기도 한다. 예를 들면, 교사가 '이것 좀 정리할래?'라고 말할 때, 청소년은 언어에 담긴 내용을 이성적으로 생각하여 교사가 적절한 지시를 내렸다고 생각하고 행동하기보다는 교사의 표정과 태도를 자기식 대로 해석하여 감정적으로 보고 나를 싫어하거나, 나를 통제하려는 잔소리로 간주해 버린다.

라. 전전두엽과 편도체의 상호작용

- 폭발적인 정서 반응이 아직은 잘 통제되지 않는다.

정서는 삶에 있어서 매우 유용하다. 자율학습 시간에 몰래 빠져나가다가 저 멀리 선생님의 실루엣을 보고 공포를 느껴 제자리로 돌아가게 만들며, 선생님이 수업시간에 나를 콕 집어 질문을 할 수도 있다는 불안에 밤을 새워 예습하게 만들기도 한다. 혼자 밥을 먹는 친구를 보고 옆에 앉아 같이 밥을 먹어 주는 것도 정서의 유용한 예이다. 그러나 적절히 통제되지 않은 정서는 등교 준비를 하며 준비물이 없다고 엄마에게 소리를 지르며 기어이 싸우고 나오게 만들기도 하고, 생일 아침상에 미역국이 아닌 콩나물국이 올라와 있는 것을 보고 내 친부모는 누구일까를 고민하게 만들기도 한다. 정서는 유용하지만 적절히 통제되어야 그 진가를 발휘할 수 있다.

정서를 주로 관장하는 편도체는 청소년기에 과도하게 활성화되며 나이가 들수록 점점 강도가 낮아지는데, 연구자들은 청소년기 편도체의 과도한 활성화는 우울, 불안 등 내현화 장애와 관련되어 있다고 보고한다(Swartz, et al., 2014). 최근 청소년의 정서 조절에 관한 연구들은 편도체와 전전두엽 간 회로(prefrontal cortex-amygdala circuitary)의 발달에 관심을 두고 있다. 전전두엽은 편도체와 연결되어있는 신경 다발을 통해 편도체로부터 신호를 받고 편도체를 조절하는 신호를 내보내는데(Petrides & Pandya, 2002), Swartz 등(2014)의 연구에서 전전두엽과 편도체 간의 연결은 나이가 증가할수록 강해졌으며 강도가 강할수록 편도체의 활성화가 낮았다. 이는 전전두엽이 편도체와 연결된 신경 다발을 통해 편도체의 활성화를 조절함을 의미하며, 이러한 조절은 나이가 들면서 더 수월해질 수 있음을 시사한다. 즉, 청소년기는 정서 반응에 관여하는 정서 시스템과 정서 조절에 관여하는 인지통제 시스템 간의 발달적 불균형이 매우 특징적으로 나타나는 시기이다. 전전두엽의 성숙이 청소년 후기쯤에나 완성된다는 것을 고려하면, 청소년들의 '기이한' 정서행동이 어른들을 놀리기 위해 일부러 고안해 낸 것은 아님이 분명하다. 그들은 중2병을 앓고 있는 것도, 외계인 혹은 괴물도 아니며 그저 뇌의 발달 과정에 충실한 삶을 살고 있을 뿐이다.

마. 정서, 인지통제, 사회인지 시스템의 불균형

– 아직은 타인의 관점에서 세상을 바라보기 어렵다.

드라마 <응답하라 1988>의 주인공 덕선이는 생일상 앞에서 뾰로통해져 있다. 생일이 비슷한 언니와 한 상을 차렸기 때문인데, 사건은 언니가 촛불을 끄고 난 생일 케이크를 재활용하여 덕선이의 생일 축하를 진행하려는 순간 발발하였다. "하지 마 진짜! 내가 얘기했잖아! 내가 언니랑 생일 같이 안 한다고 내가 얘기했잖아!!! ... 왜 맨날 나한테만 그래? 내가 만만해?" 덕선이가 악을 쓰며 토해낸 울분은 사춘기 이맘때를 겪어 본 우리는 누구나 이해한다. 하지만, 누군가는 "아이고, 부모 마음도 모르고..."라고 말하며 혀를 끌끌 찰지도 모른다. 그렇다. 부모의 마음을 안다면, 저렇게 화를 내서는 안 된다.

청소년기에 정서 시스템이 과도하게 활성화되어 폭발적인 정서 반응과 예민성이 증가하는 반면, 이러한 정서 반응을 적절하게 조절하는 인지통제 시스템은 아직 그 힘을 발휘하지 못하는 상태임을, 우리는 이미 배웠다. 그렇다 하더라도, 덕선이가 힘든 집안 사정과 그 와중에도 케이크를 준비한 엄마 아빠의 마음을 '알았다면', 덕선이의 정서 시스템이 그렇게 폭발적으로 반응하지는 않지 않았을까? 아이들의 자기중심성에 대한 한 실험은 '덕선이가 엄마 아빠의 마음을 몰랐을 가능성'에 한 표를 던진다. 실험에 참여한 아이들은 각자 컴퓨터 앞에 앉아 간단한 게임에 참여하는데, 게임이 끝날 때마다 화면에 자신의 게임 결과(예를 들면 '승' 혹은 '패')와 상대방의 게임 결과가 제시된다. 이때 아이들에게 지금 상대방의 기분이 어떨 것 같은지를 물으면, 아이들은 자신의 기분에 따라 상대의 기분을 다르게 평가하는 경향이 있었다. 즉, 상대방의 결과가 '패'로 동일하더라도, 자신의 결과가 '승'이냐 '패'냐에 따라 상대방의 기분을 덜 나쁘게 평가하거나 더 나쁘게 평가한다는 것이다(<그림 4>). 이처럼 나의 감정에 근거해서 타인의 감정을 평가하는 '정서적 자기중심성 오류'는 성인에 비해 아동에게서 더 많이 나타났다(Steinbeis & Singer, 2015). 이와 같이 타인의 관점을 수용하는 데 관여하는 사회인지 시스템은 내측 전전두엽, 상측두구, 측두두정연접부 등 전두엽과 측두엽의 일부 영역들을 포함하는데, 이러한 영역들은 발달 단계에서 가장 마지막에 성숙되는 영역들이다. 어쩌면, '지금의' 덕선이는 그날의 기억을 부모에 대한 안쓰러움과 감사함으로 간직하고 있을지 모른다. 그러나 '그때의' 덕선이는 엄마 아빠의 마음을 알기에는 아직 어렸다.

그림 4 정서적 자기중심성 오류

바. 쾌락을 추구하는 신경전달물질(도파민, Dopamine)의 활성화

- 충동적이고, 중독에 빠지기 쉽다.

청소년기는 충동성이 높아지는 시기로 이는 도파민 증가와 관련이 깊다(Jensen & Frances E., 2019). 도파민은 의욕, 행복, 동기부여, 열정 등에 관여하는 신경전달물질로 뇌의 쾌락중추에 작용한다. 즉, 한마디로 말하면 청소년의 뇌는 쾌락과 보상에 매우 민감하다. 도파민 증가와 쾌락중추 활성화로 인해 보상에 민감한 뇌가 청소년 이해를 위해 시사하는 바는 청소년들이 위험을 무릅쓰고 충동적으로 행동하거나, 중독에 빠질 수 있다는 점이다. 먼저 위험한 행동을 충동적으로 실행하는 부분을 살펴보면 다음과 같다. 성인은 위험한 행동에 대해 구체적으로 평가와 판단을 하고 위험에 대한 피해를 대비하여 회피행동을 한다. 그러나 청소년은 위험과 피해에 대한 판단보다 보상이 중요하기에 충동적으로 위험한 일을 실행한다. 또한, 중독과 관련된 부분도 이와 비슷한 과정으로 설명할 수 있다. 청소년의 뇌는 주어지는 자극(알코올, 흡연, 과도한 인터넷 사용 등)의 위험성 평가보다 자극으로부터 주어지는 즉각적 보상에 더 끌리기에 자극추구 행동을 빈번하게 하게 되고 그 결과 중독에 빠지기 쉬운 것이다.

사. 안정과 행복의 신경전달물질(세로토닌, Serotonin)의 부족

- 게을러 보이고, 주변 정리가 어려우며, 9시간 이상의 수면시간이 필요하다.

청소년기는 충동성이 높아지는 시기로 도파민이 증가하는 반면, 진정작용을 하는 세로토닌은 부족해진다(Sheryl Feinstein, 2010). 세로토닌은 일명 행복 호르몬이라 불릴 만큼 진정작용은 물론 기분, 수면, 식욕 등에 관여해 우울감은 감소시키고 안정감을 증가시킨다. 그런데 이 호르몬이 부족해지기에 청소년들은 부주의한 행동이 늘어 주변 정리가 어렵고, 수면시간의 영향을 받고 게으름은 증가한다. 특히, 청소년의 수면에는 세로토닌 감소뿐만 아니라 뇌의 가소성(폭발적인 증가와 감소)도 영향을 미친다. 청소년의 뇌는 앞 절에서 살핀 바와 같이 큰 변화가 일어난다. 그런 이유로 활동이 증가한 만큼 쉼이 필요하다. 잠은 이러한 쉼에 도움이 되는데, 청소년기는 성인보다 많은 수면시간이 요구되며, 청소년의 수면시간을 늘리는 것은 학습 성과와도 관련이 있는 것으로 나타났다. 연구에 의하면, 미네소타 주의 일부 고등학교에서 10년간 등교시간을 7시 30분에서 8시 40분으로 70분 늦춘 결과 7,000명의 성적이 통계적으로 유의미하게 오른 것으로 나타났다(O'Malley, E. B., & O'Malley, M. B., 2008). 실제 조사에 따르면 청소년들은 7시간 30분 정도 잠을 자는 것으로 보고되었으나, 미국질병관리본부에서 권고한 실제 수면 요구량은 9시간 15분임이 보고되었다(Sheryl Feinstein, 2010). 청소년의 뇌발달을 살펴보면 이들에 대한 이해와 배려가 더욱 필요함을 알 수 있다.

아. 뇌발달을 고려하여 청소년과 관계 맺기

우리는 지금까지 청소년의 뇌가 이렇게 변화무쌍하며 혼란스러운 시기를 얼마나

기특하게 '통과'하고 있는지를 배웠다. 아이들은 이 시기에 '멈춰 있는 것'이 아니라 이 시기를 '통과한다.' 어른들의 눈에는 차지 않지만, 아이들은 현재의 뇌발달에 충실한 삶을 살고 있기 때문에 청소년과 좋은 관계를 맺기 위해서는 우선 '청소년의 뇌가 아직 미성숙한 상태임을 인정하는 것'이 중요하다. 예를 들어, 여러분은 회의 중 동료 한 사람이 연신 재채기를 하고 코를 풀어 대서 신경이 쓰였던 적이 있을 것이다. 막 신경이 예민해지려는 순간, 그 동료가 사실은 계절성 알레르기로 고생하고 있다는 사실을 알게 된다면(그래서 그가 일부러 회의를 소란스럽게 하려는 것이 아니고 본인이 통제할 수 없는 환경에 대한 자동적 반응을 하고 있다는 것을 인정한다면) 우리는 그 동료에게 조금 다른 태도를 보일 것이다. 창문을 열어 실내를 환기하고, 온도와 습도를 적절하게 조절해 그 동료가 이 시기를 조금이라도 편안하게 지나갈 수 있도록 도울 수 있다. 상대를 '인정'하는 것, 그것이 새로운 관계의 시작이다. 아이들의 뇌가 이렇게 혼란스러운 상태임을 인정한다면, 어른들은 하루하루 고군분투하고 있는 아이들을 안쓰러운 눈빛으로 바라보게 될 것이며, 같이 싸워주지 못하고 그저 지켜볼 수밖에 없음에 안타까울 것이다.

자, 그럼 이 아이들과 어떻게 관계를 맺는 것이 좋을까? 『해님과 바람』이라는 이솝우화가 있다. 지나가는 나그네의 옷을 누가 먼저 벗길 것인가를 두고 해님과 바람이 내기를 걸었는데, 바람이 먼저 강풍을 일으켜 나그네의 옷을 벗기려고 했지만, 나그네는 옷을 더 여며 쥘 뿐이었다. 이제 해님이 나설 차례. 해님이 따뜻하고 뜨거운 햇볕을 내리쬐자 나그네는 스스로 옷을 풀어 헤치고 더위를 식혔다. 청소년의 뇌도 나그네의 마음과 다르지 않음을 시사하는 심리학 실험들이 있다. Lee 등(2015)은 fMRI를 이용하여 청소년들이 엄마의 잔소리를 듣는 동안 뇌가 어떻게 반응하는지를 조사하였다. 연구자들은 9~17세 아이들에게 자신의 엄마 잔소리를 녹음하여 들려주었는데, 엄마의 잔소리를 듣는 동안 정서 시스템의 활성화는 증가한 반면, 인지통제 시스템과 사회인지 시스템의 활성화는 낮아졌다. 이러한 결과는 청소년들이 엄마의 잔소리에 대해 정서적으로 매우 예민하게 반응하지만, 이를 상대방의 관점에서 이해하거나 정서적 반응을 통제하는 데에는 어려움이 있을 수 있음을 시사한다. 가끔 아이들은 부모가 잔소리하면 귀를 막는 '시늉'을 하는데, 실제로 뇌는 '불쾌한 감정을 더 깊고, 세련되게, 타인의 관점을 고려하여 처리하는 것'을 하지 않음으로써 귀를 막는 행동을 실현한다. 더욱 흥미로운 결과는 엄마의 잔소리가 끝난 후 뇌의 반응이다. 인지통제 시스템과 사회인지 시스템은 정상으로 돌아온 반면, 정서 시스템은 활성화 상태가 유지되고 있었다. 엄마의 잔소리는 끝났지만, 정서적 불쾌감은 지속된다는 것이다. 부모의 잔소리를 피해 방문을 쾅 닫고 들어간 아이를 뒤쫓아 가서 '일장 연설'을 해봤자 소용없다. 아이들은 아직 들을 준비가 안 되었기 때문이다. 정서 시스템의 흥분이 좀 잦아들 때까지 아이들에게는 시간이 필요하다. 대화는 그다음이다. 강풍만으로 나그네의 옷을 벗길 수 없다. 나그네는 옷을 더 움켜쥘 뿐이다. 아이들도 마찬가지다. 잔소리만으로는 아이들을 변화시킬 수 없다. 아이들은 귀를 더 꽁꽁 틀어막는다.

그렇다면, 따뜻한 햇볕은 어떻게 비출 수 있을까? Eisenberger 등(2011)의 실험은 우리에게 한 가지 아이디어를 제공한다. 통증과 관련된 뇌 영역을 확인하는 실험 방법 중 하나는 뜨거운 물에 손을 담근 상태에서 통증의 정도를 평가하고 뇌의 변화를 측정하는 것이다. 연구는 젊은 여성 참여자들을 대상으로 실시되었는데, 참여자들은 뜨거운 물에 손을 담그고 있는 동안 '남자친구'의 사진 혹은 '모르는 남성'의 사진을 보았고, 각각의 경우마다 통증의 정도를 평가하였다. 실험 결과, 참여자들은 '남자친구'의 사진을 볼 때 통증의 정도를 더 낮게 평가하였으며, 뇌에서 '안정감'과 관련된 영역인 복내측전전두엽(Ventromedial Prefrontal Cortex, VMPFC)의 활성화가 증가하였다. 이들의 연구는 '애착'이 관계 형성뿐 아니라 우리가 살아가면서 겪는 다양한 경험의 '안전기지'로서 작용할 수 있음을 시사한다. 청소년은 하루에도 여러 차례의 정서적인 혼란을 경험한다. 학업 수행과 관련하여, 교사 및 부모와의 관계로 인해, 친구들과의 상호작용 문제로, 감정은 하루에도 여러 번 요동친다. 아이들에게는 '안전기지'가 필요하다. 요동치는 감정을, 고통스러운 정서를 누그러트릴 수 있는 따뜻한 '애착' 관계가 필요하다. '안전기지'를 확보한 청소년은 '시련'은 있되 '고통'은 느끼지 못할 것이다. 긍정적인 정서 교류, 지지적인 환경, 따뜻한 눈빛과 미소, 여유로운 농담, 어깨를 토닥이는 것 등 사소한 행동 하나하나가 신뢰할 수 있고 친밀한 관계 형성에 영향을 미친다. 다시 한번 강조하자면, 청소년은 이 시기에 '머물러' 있는 것이 아니다, 그저 '통과'하고 있을 뿐이다. 따라서, 나의 학생이, 혹은 나의 아이가 오늘 어떤 (실망스러운) 모습을 보였더라도, 결국은 좋아질 것임을 믿어 의심치 않아야 한다!

2) 2차 성징

청소년은 뇌발달뿐만 아니라, 호르몬의 변화로 인해 급격하게 신체적 및 성적으로 성숙하는 특성이 나타난다(Susman & Dom, 2013). 이 중 가장 눈에 띄는 변화는 2차 성징의 발현이다. 1차 성징은 출생 시 생식기에 반영되는 성차로 인한 특징을 말하는 것이고, 2차 성징은 청소년기에 고환과 난소가 발달함에 따라 성호르몬 분비에 의해 신체의 기능과 형태적 변화가 발생하는 특징을 말한다. 2차 성징은 개인차가 큰데, 특히 여성의 성숙이 남성보다 2~3년 정도 빠른 경향이 있다.

청소년기에는 신체적으로 이러한 변화를 경험하며 신체적으로 성인의 특성을 갖게 된다. 그러나 이는 신체적 성숙일 뿐, 심리적 성숙은 이 과정보다 천천히 이루어지기에 심리적으로 부조화한 상태가 유지된다. 뿐만 아니라, 신체적 성숙의 개인차가 또래 관계와 자기상에도 영향을 미치기에 또래에 비해 너무 크거나, 너무 작은 경우 관심이 요구된다(박우철, 2009; Yuan, 2010).

한편, 이 시기의 청소년은 신체적 성적 성숙과 함께 성적 호기심이 증가한다. 각급 초, 중, 고등학교 도서관에 비치된 '사춘기와 성'에 관한 책들이 가장 많이 대출되고 또 쉽게 훼손되는 것이 이런 상태를 반증한다. 이런 성적 호기심은 매스 미디어와 인터넷의 발달로 청소년들을 손쉽게 음란물에 노출되게 하는 영향을 미치기도 한다. 이 시기의 청소년에게 있어서 성적 호기심이 증가하는 것은 신체변화에 따른 일면 자연스러운 현상이다. 하지만, 지나칠 경우 아직 미성년인 학생들에게 부적절한 영향과 임신과 같은 어려운 상황이 올 수도 있기에 호기심은 인정하나 적절한 한계를 알려주는 성교육이 필요하다.

3 청소년기의 심리 사회 발달

1) 에릭슨의 전생애 심리 사회 발달(Life-span development)이론

가. 에릭슨(Erickson)의 생애

에릭슨(Erickson, 1902~1994)은 발달 심리학의 거장으로 하버드대 교수를 역임했다.

그러나 그의 이력은 남들과 다른 특이점이 있으니, 그의 학력이 고졸이라는 점이다. 학력의 약점에도 불구하고, 뛰어난 학문적 성과를 보여 '자아 정체성(Ego identity)'이라는 개념을 제안했고, 이 개념은 오늘날 보편성을 지닌 개념으로 자리 잡기에 이르렀다. 그의 학력과 지위의 특이점에서 볼 수 있듯, 그의 이론은 특별한 생애사적 배경을 바탕으로 한다. 이에 그의 이론을 이해하기 위해 특별했고, 탁월한 학자가 되는 데 원동력이 되었던 그의 특별한 삶을 살펴보도록 하겠다.

에릭슨은 아버지가 누구인지 모르는 채 평생을 사는 불운을 겪었다. 유태인이었던 엄마가 첫날밤에 남편과 헤어졌기 때문이다. 첫날밤 남편은 자신이 범법행위에 연루되어 있고 여성편력이 있음을 밝혔다. 그 후 엄마는 취중에 여러 명의 남자와 관계를 가졌기에, 누가 에릭슨의 친부인지 알 수 없는 상황이었다. 나중에 엄마는 소아과 의사였던 양부와 재혼을 해서 에릭슨을 유태인으로 키웠다. 참고로 유태인은 엄마가 유태인이면 유태인으로 인정한다. 에릭슨은 유태인으로 자라지만 덴마크인의 외모를 갖고 있었기에 이방인 취급을 받았다. 안타깝게도 엄마가 취중에 관계를 가졌던 남자들 중 덴마크인은 둘이었기에 친부를 평생 알 수 없었다. 이런 성장배경이 있었기에 '정체성' 문제에 대해 남다른 열정을 갖고 있었고, 이는 그가 평생을 헌신하며 연구할 수 있는 원동력의 일부가 되었으리라 추측할 수 있다(고영건, 2007 – 요약 인용).

나. 전생애 심리 사회 발달이론

에릭슨은 프로이트(Freud)의 결정론적 관점[4]과는 달리 전생애 발달(life–span development)을 주장하였다. 그는 프로이트의 제자이나 그의 이론을 확장시키는 과정에서 프로이트가 심리 성적 발달에 초점을 둔 것과 달리 전 생애 동안 미치는 사회적 관계(significant other)를 중시하여 심리 사회 발달을 주장하였다. 그에 의하면 심리 사회 발달은 전 생애 동안 총 8단계를 거치는데, 각 발달 단계별로 통합해야 할 심리 사회적 위기(psychosocial crisis)가 존재한다. 위기에는 발달 과제가 존재하는데, 과제의 성취를 통해 성장할 수도 있고, 동시에 매우 취약해지기도 한다. 각각의 발달 단계는 영아기의 기본적 신뢰 대 불신의 단계부터 노인기 자아통합 대 절망감까지 8단계로

4) 5세 이전에 심리 성적 발달로 성격의 구조가 결정되고, 어린 시절 과거의 일이 현재의 성격을 결정한다는 관점을 말한다.

구성되어 있다. 시기별 발달 과제는 그 과제를 어떻게 해결하느냐에 따라 개인의 특성 변화에 기여하는데, 과제 수행에 결정적 영향을 미치는 것은 자아(ego)이다. 자아는 단계별로 존재하는 두 가지 특성을 균형 있게 발달시키도록 하는데, 이 특성들을 적응적으로 통합할 때, 그 단계에서 배울 수 있는 덕목(virtue)을 습득하게 된다(Erikson, E. H., 1993, 1994－요약 인용).

2) 자아 정체성(Ego identity) 대 역할 혼미(Role diffusion)

청소년기는 소년과 청년의 중간, 즉 아이와 어른 사이의 과도기이다. 아이와 어른의 심리 발달상의 가장 큰 차이점은 '독립성' 획득 여부이다. 아이의 특징은 '의존'이고, 어른의 특징은 '독립'이다. 따라서 어른이 되기 위해서는 '독립성'을 획득해야 한다. 독립하기 위해서는 '나는 누구인가, 무엇을 할 것인가?'에 대한 일관된 개념이나 확신이 확립되어야 하는데, 이를 에릭슨은 '자아 정체성(Ego identity)'이라 하였다(노미애, 2012; 성수나, 2021; 이은희, 정순옥, 2006).

자아 정체성을 확립하고 독립성을 획득하기 위해서는 의존대상으로부터 분리되는 과정이 필요하다. 아이의 절대적 의존대상은 부모인데, 그들로부터 벗어나서 홀로 선다는 것은 매우 어려운 발달 과제여서 청소년들은 사회 심리적 위기(psychosocial crisis)를 맞기도 한다. 이런 이유로 이 시기의 청소년은 가출을 감행하기도 하고, 부모에게 반항하기도 하고 방황하기도 한다. 이런 과정은 모두 부모로부터 벗어나 '자아 정체성'을 찾기 위한 과정으로, 과거 이러한 청소년의 행동을 비행으로 규정하기도 했으나, 에릭슨에 따르면 정상적 발달의 과정으로 볼 수 있다.

이 시기의 청소년은 새로운 역할들을 고민하며 방황하는데, 이러한 방황을 '역할 혼미(Role diffusion)'라 한다(노미애, 2012; 박아청, 2006; 이경선, 2015). 방황은 곧 정체성 위기로 이어지고, 고민과 역할 실험 끝에 이를 성공적으로 해결하고 통합하면 정체성을 획득하게 된다. 여기서 통합이란 역할 혼미의 과정을 통해 모든 역할의 긍정적 부분과 부정적 부분을 모두 수용하되 자신에게 맞는 것을 취사 선택하는 과정이라 할 수 있다. 독립성은 자신의 신념 가치관 등에 대한 고통스러운 의문 제기(방황, 고민, 경험)가 없이는 획득하기가 어렵다. 성숙하고 통합된 자아 정체성 형성을 위해서는 위기를 경험하는 것이 필요하다.

그런데, 이런 과정들을 통해 정체성을 형성하지 못하고, 청소년기 동안 정체성을 발달시키지 못하면 역할 혼미에 빠지게 된다. 이런 사람들은 성인이 되어서도 자신의 일과 삶에서 충직성(Fidelity)의 덕성을 발휘하지 못하고 방황을 지속하거나 심리적 부적응을 경험한다.

최근에는 정체성 유예(Identity Moratorium)의 경우도 많다. 정체성 유예란 발달 위기 상태에서 여러 역할 신념, 행동 등을 실험하고 있으나 의사결정을 못한 상태를 말한다(정옥분, 2004; Marcia, 1989; 이은희, 2011). 대학생의 진로 고민, 휴학 등이 이에 해당하며, 과거에 비해 교육 기간의 증가로 정체성 유예는 증가 추세이나, 이는 정체성 형성을 위한 과정으로 바람직하게 여기고 수용할 필요가 있다.

실제로 관심 있게 돌봄이 필요한 것은 역할 혼미와 정체성 유실이다. 역할 혼미는 앞에서 설명한 바와 같이 정체성을 형성하지 못하고 방황이 고착되는 상태이고, 정체성 유실은 정체성 고민이 없이, 부모나 역할모델의 가치나 기대 등을 그대로 수용하여 그대로 선택하는 것을 말한다(정옥분, 2006; Marcia, 1989; Slavin, 2005). 정체성 혼미의 상태는 발달상 가장 취약한 상태로 이른바 '꿈과 희망이 없다'는 식의 태도로 삶을 살게 되어 부적응 상태가 되기 쉬워 주의가 필요하다. 한편, 정체성 유실도 큰 관심이 필요한데 예를 들면, 아버지가 의대 가라고 해서 고민 없이 의대에 간 경우에 해당한다. 이런 경우 정체성 자체가 형성되지 않았기에 적응에 문제가 있고, 특히 독단적이고 융통성이 부족하며 다른 사람의 의견을 받아들이지 못하는 경향이 있다(Frank, Pirsch, & Wright, 1990; 박성미, 2011). 이는 청소년기의 정체성 확립을 위한 고통스러운 고민의 과정과 그 끝에 자신에게 맞는 역할을 취사선택하는 과정을 경험하지 못한 결과 발생하는 문제이다. 특히 그들은 자신의 생각과 다른 생각을 접할 때, 내가 선택한 가치가 틀렸을지도 모른다는 불안이 엄습하기에, 자신과 다른 의견을 받아들이기 어려워하는 특징을 보일 수 있어 주의와 관심이 필요하다.

이처럼 청소년기의 정체성 형성 과제는 적응적인 성인으로 살아가기 위해 넘어야 할 큰 위기이자 관문으로 중요한 기능을 한다. 정체성을 형성하면 높은 자아 존중감을 갖고, 추상적 비판적 사고를 하며, 이상적 자아와 현실 자아의 차이가 크지 않고, 높은 도덕적 추론을 할 수 있다(Dellas & Jernigan, 1990; Marcia, 1980; 이효정, 2003; 박소연,

김한별, 2012; 한세영, 2005). 따라서 이 시기의 부모와 교사는 이런 발달 단계를 이해하고 이들의 방황을 수용하고 인내해 줄 필요가 있다. 덧붙여 이를 돕기 위한 구체적 방법으로는 부모와 친밀한 관계와 부모의 자유로운 의견 수용의 자세가 정체성 성취 및 정체성 유예와 관계가 있는 것으로 보고되고 있다(Cooper, 2011).

사례 1 C·A·S·E

중2 여학생 A양은 만화가가 되고 싶어서 부모님께 이야기했다가 반대에 부딪혀 갈등을 겪었다. A양의 부모님은 아버지는 공무원, 엄마는 교사로 딸 A 역시 명문대에 진학하여 전문직을 갖기를 원하였다. 특히 A양의 아버지는 '자식에게 음악을 시키면 집안이 천천히 망하고, 미술을 시키면 빨리 망한다'라며 예술가의 진로에 대한 고정관념을 갖고 있었기에 이들의 갈등은 날로 심화되었다. 비교적 수용적인 A양의 엄마는 A양의 의견에 귀 기울이려 했으나, 아버지의 반대는 극심했고 결국 A양은 의견이 수용되지 않자, 가출을 감행하였다.

우여곡절 끝에 '자식 이기는 부모는 없다'고 결국 부모님은 A의 의견을 수용하여 미술학원을 보내주었는데, 뜻밖에 A는 1년 정도 수강 후 미술학원을 그만두었다. 의아하게 여긴 A양의 엄마가 이유를 묻자 A는 "미술이 좋아서 시작했는데, 막상 시작해보니, 내가 미술을 좋아하긴 하지만 이걸 직업으로 삼을 만큼 재능이 있고 좋아하는 것은 아니라는 것을 깨달았다."라고 이야기했다. 그리고 덧붙이기를 "그렇게 아빠랑 싸운 건, 아빠가 내 의견을 받아 주길 바라서였던 것 같다."라며 자신의 마음을 솔직히 드러내었다.

이후, A는 학업에서 적성을 발견하고, 전문직의 꿈을 꾸며 공부에 매진했고, 우수한 성적으로 고등학교에 진학하였다.

(출처: 상담자 R의 사례 중 요약 인용)

사례 2 C·A·S·E

완도 수산 고등학교 1학년 B군은 우연한 기회에 학교 골프부에 들어가게 되면서 골프를 접하게 되었다. B군은 탁월한 성실함과 집념으로 꾸준히 연습한 결과 우수한 실력을 갖추게 되고 골프선수의 꿈을 갖게 되었다. 그러나 완도라는 섬마을의 특성상 B군의 부모님에게 골프라는 것은 접해보지 못한 생소한 직업이거니와 '돈도 많이 들고, 돈도 못 버는 직업'이었다. 설상가상으로 뱃사람으로 선장 일을 하고 있는 B군의 아버지는 아들이 자신의 대를 이어 선장이 되기를 바라고 있었기에 이 둘은 심하게 갈등할 수밖에 없었다.

자신의 꿈에 대한 확신이 생기고 남다른 열정을 가졌던 B군은 부모님 몰래 서울행을 택했고 가출을 감행하였다. 이후 부모님의 허락을 받기까지 여러 곡절이 있었다. 힘든 선택을 했던 만큼 B군은 자신이 선택한 길에 최선을 다했고, 결국 미국까지 진출하여 PGA 우승을 거머쥐는 우리나라의 대표 프로골퍼가 되었다. 이 사람이 바로 최경주 선수이다.

(출처: SBS 힐링캠프 기쁘지 아니한가!, 2011.10.19.)

3) 심리적 이유기(독립의 시작)

사례 3 C·A·S·E

문을 잠그고 싶습니다.

"저는 중1 여학생 C입니다. 요즘 들어 '앞으로 어떻게 살아야 하나'라는 고민도 많아지고, 공부 때문에 힘들기도 해서 혼자 있고 싶은 때가 많습니다. 엄마가 이래라, 저래라 하는 말도 듣기 싫고, 동생한테 방해받기도 싫어서 방문을 잠갔더니 부모님이 화를 내요. 제가 뭘 잘못했나요?"

"저는 중2 남학생 엄마 D입니다. 조용하고 착하던 아들이 요즘 갑자기 방문을 잠급니다. 그러지 말라고 해도 말을 듣지 않네요. 무슨 일이 있는지 물어도 '아무 일 없으니 걱정하지 마세요'라고만 하고, 집에 오면 방문을 잠그고 잘 나오지 않습니다. 어제는 애 아빠가 화가 나서 열쇠로 문을 열고 들어갔더니, 아이가 '나 좀 내버려둬요!'라고 소리 지르며 대들어 애 아빠도 저도 많이 놀랐습니다. 도대체 뭐가 문제일까요?"

(출처: 14살 마음의 지도, 노미애, 북멘토)

청소년기의 시작을 알리는 징후로 많은 청소년들이 사례 3의 학생들처럼 방문을 잠그고 부모와 대화를 줄이곤 한다. 이 시기의 부모들 역시 사례 3의 부모들처럼 걱정을 하는 경우가 많은데, 특별한 문제 상황이 있지 않은 한, 대부분의 경우는 정상발달로 볼 수 있다.

이 시기의 청소년들은 심리적 독립을 위해 부모님과 분리된 자신만의 영역을 형성하려 하는데 이 시기를 '심리적 이유기'라고 한다(노미애, 2012; 장휘숙, 2002). 이렇게 해서 분리된 자기 영역의 경계를 심리학에서는 '울타리(boundary)'라고도 하는데, 이렇게 신체적 정서적 경계를 짓는 것은 심리 발달상 장차 성인으로서 자신의 내면을 지키는 힘이 된다는 점에서 의미가 있다(오제은, 2009).

이처럼 청소년기의 방문 잠그기는 정서적 울타리를 세우는 과정으로 부모님을 비롯한 가족의 통제적 감정들로부터 자신의 감정을 독립적으로 다루고자 하는 심리 상태로 이해할 수 있다. 따라서 이들을 돌보는 부모나 교사는 이들이 경계를 세우는 과정을 수용하지만 동시에 방관하는 것이 아니라 지켜보며 도움이 필요할 때는 도와줄 수 있는 균형감 있는 돌봄을 해 줄 필요가 있다.

4) 충직성(Fedelity)

에릭슨(Erickson)에 의하면 청소년들은 정체성 위기를 극복하고 통합하는 과정에서 충직성(Fedelity)이라는 덕성(Virtue)을 획득하게 된다고 하였다(Erikson, E. H., 1994). 충직성은 '가치체계의 불가피한 모순에도 불구하고 스스로 어떤 것을 지켜내는 능력'으로 모순과 역설로 가득한 현실에서 자신의 신념이나 가치를 충실하게 지킬 수 있는 힘을 말한다. 이러한 덕성은 청소년기의 사회 심리적 위기를 충분히 겪은 결과 성취되는 것으로 자신이 선택한 것을 책임지는 것과 동시에 자신이 포기한 것의 가치를 이해하고 받아들이는 것을 포함한다. 따라서 이런 과정을 통합하고 성장한 성인은 자신의 직업을 충실히 수행하고, 다른 직업과 가치관에 대해서도 존중한다. 그러나 통합하지 못한 경우 다른 직업과 가치관에 대해 부정적 시각을 나타내거나, 직업을 자주 바꾸고 부적응하기도 한다.

5) 청소년기의 사회성 발달

에릭슨은 심리 발달에 있어서 사회적 관계의 중요성을 역설했다. 대상을 살펴보면, 영아기부터 아동기까지는 프로이트의 이론과 같이 엄마, 학령기에는 선생님, 청소년기에는 친구, 청년기에는 이성(배우자)관계 등을 포함한다. 이들 사회적 관계는 발달에 중요한 영향을 미치는데, 에릭슨은 이들을 중요한 타자(significant other)라 명명했다. 그가 이처럼 사회적 관계를 중시한 이유는 관계를 통해 자아(ego)가 강해지고 이는 미해결되었던 이전의 발달 과제까지도 함께 완수하게 하는 심리적 에너지가 되어주기 때문이다. 예를 들면, 학령기의 중요한 타자는 선생님인데, 실제로 주변에서 좋은 초등학교 교사를 만나 불우한 가정환경에도 불구하고 자신의 재능을 발견하고 존중감이 높아지면서 군건히 성장하는 학생의 사례를 종종 발견할 수 있다.

이처럼 에릭슨은 심리 발달에는 중요한 영향을 미치는 사회적 관계가 존재하는데 청소년기에는 그 대상이 '친구'다. 청소년들은 부모로부터 분리되는 불안을 친구와 나누며 이 시기를 견뎌낸다. 동시에 부모님, 선생님의 내리사랑을 받는 수직적 관계에서 확장하여 친구와 주고 받는 사랑의 수평적 관계 맺기를 배우게 된다. 그러나 아이로서 받기만 하던 관계에서 친구와 동등한 입장에서 주고 받는 관계로의 변화는 확장적 변화이기에 배우기 쉽지 않고, 이 시기의 청소년은 내면이 아직 미성숙한 발달 단계[5]에 있기에 좌절을 겪기도 한다. 특히 이 시기의 청소년 또래 집단은 '갱(Gang), 갱

5) 방어기제(Defense Mechanism)는 프로이트가 제안한 개념으로 불안감을 느낄 때 자신을 보호하기 위해 사용하는 무의식적 기제를 말한다. 본 교육에서는 방어라는 용어의 부정성을 완화하고 수월성을 도모하는 적응기제라는 용어로 대치한다. 방어의 수준에 따라 정신증적 적응기제, 미성숙한 적응기제, 신경증적 적응기제, 성숙한 적응기제가 있다. 청소년기와 가장 관계가 있는 것은 미성숙한 적응기제로 신체화,

스터(Gangster)'라는 별칭으로 불릴 만큼 긍정적인 면도 있지만 부정적인 면도 있어서 관계에 있어서 또래 집단에서 많은 상처를 받기도 한다(노미애, 2016; Kanel, K., 2019).

한편, 청소년들은 친구와의 관계뿐만 아니라, 아이돌 그룹 등의 연예인에 몰두하기도 하는데, 이 역시 현실의 자신의 위치를 깨닫고 실망하면서 의지하고픈 대상을 찾는 욕구와 의존하던 부모로부터 떨어져 나온 불안을 해소하기 위한 방편으로 이해할 수 있나.

4 청소년기의 인지발달

1) 추상적 사고기능(형식적 조작기)

청소년기에는 아동기에 비해 훨씬 추상적 사고가 가능해진다. 피아제의 인지발달 중 '형식적 조작기'6)에 해당하는 시기로 가설적, 연역적, 체계적 사고가 가능해진다. 따라서 좀 더 이상적이었으면 하는 특성들에 대해서 생각하고 이를 비교하기도 하며, 미래에 대한 상상도 늘어난다.

2) 상상적 청중(imaginary audience, 자기중심적 사고)

'상상적 청중'은 주변 사람을 끊임없이 의식해, 모든 사람이 자신을 칭찬하거나 비난한다고 상상하는 것을 말한다. 다시 말해 자신은 주인공인 듯 여기고 다른 사람들이 자신을 바라보고 있다고 생각하는 것이다(Ingagki, 2013; Rai, Mitchell, Kadar, & Mackenzie,

---

공상, 행동화, 소극적 공격성, 투사이다. 이들을 예를 들어 설명하면 다음과 같다. 선생님과 사이가 좋지 않은 학생을 대상으로 할 때, 신체화는 신체질병으로 인한 고통을 지나치게 호소하는 것이다. 공상은 영웅이 악한 인물을 물리치는 소설, 영화, 만화책 등에 빠져드는 것이고, 행동화는 선생님의 기대나 규칙에 반하는 행동을 해 학교에 물의를 일으키는 것이다. 또한, 소극적 공격성은 선생님에게 삐딱한 행동을 보이거나 자해를 하는 것이고, 투사는 선생님이 자신을 미워한다고 생각하는 것이다. 이런 기제를 미성숙하다고 하는 이유는 이 방법들이 당장은 내면의 고통을 덜어주는 것 같지만, 오히려 주변 사람들과의 관계를 더 나쁘게 해서 더 어려운 상황으로 몰아가기 때문이다(노미애, 2012).

6) 스위스의 심리학자이자 생물학자인 피아제(Piaget)의 인지발달이론 중 '제4단계'로 가설 설정과 논리적 추론이 가능해지는 '11~15'세의 발달 단계를 일컫는다.

2014). 부모님이 속삭이는 소리를 듣고 자기 이야기를 한다고 여기거나, 길모퉁이에서 또래 아이들이 웃으며 이야기 나누는 것을 보고 자신을 비웃는다고 생각하는 것이다. 상상이고 착각이다. 자기중심적 사고가 나타나는 시기이기 때문이다. 이 시기의 청소년은 타인이 자신을 끊임없이 바라보고 평가하는 것 같은 느낌 속에 살고 있다. 그래서 때로는 우월해 보이고 싶어 하지만, 반대로 남과 비슷해져서 비난을 피하고 싶어 하기도 한다(노미애, 2012). 청소년기의 유치하게 웃기려는 행동, 변덕스러운 행동 그리고 튀는 옷차림 등이 이런 인지 변화로 인해 나타나는 행동으로 볼 수 있다.

사례 4 C·A·S·E

"중2 딸을 둔 엄마 E입니다. 요즘 딸이 노스페이스 재킷을 사 달라고 너무 졸라 대서 고민입니다. 학교에서도 사복을 입히지 말라고 하고, 학생이 입기엔 재킷이 너무 비싸서 안 사 주었습니다. 그랬더니 다른 애들이 모두 자기를 비웃는 것 같다고 하네요. 또 노스페이스 재킷을 입지 않으면 왕따 당한다고도 하는데, 재킷을 꼭 사줘야 할까요?"

(출처: 14살 마음의 지도, 노미애, 북멘토)

3) 자기 신화(personal fable, 자기중심적 사고)

다른 사람한테 일어날 수 있는 일이 자기한테는 일어나지 않을 거라고 믿는 경향성을 말한다. 또한, 자신의 감정과 생각은 매우 독특해서 다른 사람들이 이해할 수 없을 것이라는 생각을 하기도 한다(Alberts, Elkind, & Ginsberg, 2007). 이런 인지 변화도 상상적 청중과 같이 자기중심적 사고에서 비롯된 마술적 믿음일 뿐 현실이 아니다.

그래서 이 시기의 청소년들은 보호장비 없이 오토바이를 타기도 하고, 피임약 없이 성관계를 하거나, 폐암 같은 것은 아랑곳하지 않고 담배를 피우기도 한다(노미애, 2012). 그러나 이런 사고가 부정적인 행동만을 이끄는 것은 아니며, 이 시기의 자기중심성은 부모로부터 독립하기 위한 역할 실험이나 갈등을 뒷받침하는 발달상의 기제로 이해되기도 한다(Lapsley & Murphy, 1985). 부연하면, 이 시기의 청소년들은 역할 실험을 하고 때론 독립을 하기 위해 부모와 갈등을 빚기도 하는데, 자기중심적 사고를 하지 않고 타인을 배려하면 이런 행동을 하기 어렵기에 자기중심적 사고가 커진다는 것이다.

사례 5 C·A·S·E

"저는 중1 남학생 G입니다. 부모님은 이혼했고 저와 형은 엄마랑 살아요. 저는 스쿠터를 좋아하는데 엄마와 선생님의 잔소리 때문에 피곤합니다. 엄마는 보호장비를 안 하면 스쿠터를 없애 버리겠다고 협박하고, 선생님은 무조건 타지 말라고 해요. 그런데 별로 위험하지도 않은 스쿠터를 타면서 보호장비를 다 하면 애들이 저를 비웃을 겁니다. 왜 어른들은 별걸 다 간섭하죠?"

(출처: 14살 마음의 지도, 노미애, 북멘토)

5 청소년기의 심리 부적응

1) 질풍노도(A period of storm and stress)의 시기

청소년기는 소년이 청년으로 성장하는 과도기이다. '독립'이라는 성인의 특성을 획득하기 위한 노력은 심리적 위기를 초래할 만큼 힘든 과제이다. 특히 발달 과제 수행을 위한 이 시기의 변화는 가히 폭발적인데, 신체적 · 인지적 · 성적 · 정서적 · 사회적 변화의 속도가 모두 일정하지 않다. 따라서 많은 청소년들이 혼란을 경험하며 심리적 부적응의 상태를 나타내는데 이런 과정이 대체로 건강한 발달을 의미한다는 것이 많은 심리학자들의 의견이다. 이를 구체적으로 살펴보면 다음과 같다.

첫째, 청소년 심리학의 아버지로 불리는 G. Stanley Hall은 최초로 청소년기를 과학적으로 연구한 학자로 청소년기를 '질풍노도의 시기'로 설명하였다. 그는 그의 기념

비적 저서 『청소년기(Adolescence)』에서 청소년기의 혼란은 성장 과정 중 과도기적 특성에서 기인한 것이며, 그로 인해 긴장과 혼란을 겪게 된다고 하였다(Hall, 1904). 이런 과정을 통해 인간은 성장하고 성숙하는데, 그 변화의 폭이 마치 다른 완전한 인간으로 거듭나는 과정과 같다고 하여 청소년기를 '새로운 탄생'의 시기로 비유하였다.

둘째, 프로이트의 딸 Anna Freud도 청소년기의 중요성을 강조하였다. 그녀 역시 청소년들이 나타내는 혼란과 방황을 해결되지 않은 오이디푸스 콤플렉스가 다시 나타나는 과정으로 설명했다(정옥분, 2006). 특히 청소년들이 성격장애 증상을 보이는 것은 정상발달로 볼 수 있다고 하면서 이들의 정서적 불안정, 내적 갈등 등을 이 시기의 특징으로 꼽았다. 미성숙한 적응기제는 물론이고, 억압, 부인, 퇴치, 지성화 등의 적응기제도 사용하는 경향이 있다고 했다(연문희, 강진령, 2002; 정태연, 최상진, 김효창, 2002).

셋째, 발달 심리학의 대가 Erik Erikson은 '자아 정체성'이라는 용어를 명명한 것에서 살펴볼 수 있듯이 청소년기의 중요성을 역설한 대표적 심리학자이다. 에릭슨은 발달 위기를 극복하고 성숙한 인간으로 덕성을 획득하기 위해 '통합'의 과정을 중시했다. 이는 '정체성' 확립을 위해 역할 혼미의 과정(정체성에 대한 고민과 역할 실험을 하는 탐색 시간)이 공존해야 하며, 청소년기는 이런 과정을 겪어내는 심리적 유예의 기간으로 의미가 있다는 것이 그의 주장이다(Erikson, 1993, 1994; 이은희, 정순옥, 2006; 최혜경, 2012).

넷째, 한국의 대표적 정신의학자 이시형 박사도 청소년기의 발달에 대해 '정상적 정신분열증'이라는 표현을 쓰며, 이 시기의 혼란은 정상발달임을 지지하였다(이시형, 1994). 정신의학 편람에 한국의 문화적 특성에 기인한 '화병'을 등재시킬 정도로 건강한 정신과 인간의 성숙에 대한 관심이 많았던 그 역시 청소년들이 힘든 시기를 겪는 것을 정상발달로 보고 이해할 것을 강조한 것이다.

이처럼 많은 심리학자들과 정신의학자들은 청소년기의 혼란을 정상적인 건강한 발달 과정의 일부로 보고 이들에 대한 이해와 사랑이 필요함을 역설했다. 특히 이 시기의 발달은 초기 고통과 충족되지 못한 어린 시절의 욕구들(외로움, 분노 등)이 밖으로 표출되기도 하는 시기이며 동시에 미성숙한 적응기제를 사용하여 타인을 힘들게 하는 방법으로 나타나는 시기이다. 따라서 이들을 지켜보고 돌보는 일은 매우 힘든 일이다. 그러나 이들의 아픔과 상처와 미숙함은 타인의 수용과 이해를 통해 변화하고 성장한다. 따라서 이들과 함께 소통하는 교사나 부모를 비롯한 여러 주체들은 이런 과정을 이해하고 인내하고 수용하는 지혜가 필요하다.

2) 불안(공황)장애, 우울장애, 섭식장애

청소년기의 혼란이 정상적인 건강한 발달 과정이라는 많은 심리학자들과 정신의학자들의 견해에도 불구하고, 실제로 심각한 심리적 부적응을 보이며 병리적 증상을 나타내는 일부 청소년들이 있다. 이들은 그 정도가 심하며 장기간에 걸쳐 예후가 좋지 않을 수 있기에 세심한 관찰과 돌봄이 필요하다. 여기 언급한 외에도 여러 부적응들이 있지만, 청소년기의 심리적 부적응의 가장 대표적인 3가지 불안장애, 우울장애, 섭식장애에 대해 간단히 살펴보도록 하겠다.

가. 불안장애

불안장애는 비정상적 불안과 공포로 현실적응에 어려움을 일으키는 장애이다. 막연한 상태로 두려움을 느끼기도 하고, 특정한 상황이나 사물 또는 사람에 대해 공포를 느끼기도 한다(김정민, 2008; 정순례, 양미진, 손재환, 2010; Edna B. Foa., 2010). 정상적인 성인도 어느 정도의 불안은 종종 경험하는 만큼 청소년기의 약간의 불안은 일반적이라 해도 과언이 아니다. 그러나 그 정도가 심하여 적응상에 문제를 일으키는 경우 주의와 관심이 필요하다. 특히 최근 청소년들에게 특정 행동을 반복하는 강박증과 불안장애의 하위 분류인 공황장애가 임상에서 흔히 관찰되는 바 이에 대한 관심이 요구된다. 공황장애는 갑자기 엄습하는 강렬한 불안인 공황발작을 경험하는 장애로 공황발작이 일어나면 죽을 것 같은 느낌을 갖기에 매우 고통스럽다. 이 외에도 시험 공포증, 대인 공포증, 학교 공포증 등이 나타나며 주로 청소년기에 시작되는 것으로 보고되고 있는 만큼 이런 증상들이 나타나 적응상의 어려움을 겪는 경우 전문가의 도움을 받아 보는 것이 좋다.

사례 6

C·A·S·E

재수생 G군의 어머니는 아들의 불안 증세가 심해져 상담을 받으러 왔다. 아들은 하루에도 여러 번 욕실에서 1시간 이상을 씻고, 팬티는 땀이 찬다며 하루에 6~7장 정도를 갈아입는다고 했다. 재수 학원에 가는 것을 무척 두려워하고 근래에는 방에서 거의 나오지 않으며, 급기야는 잘 먹지도 않아서 체중도 6개월 사이에 10kg 정도 줄었다고 했다. 정신건강의학과에 내원한 결과 불안장애로 진단을 받았고, 엄마의 상담이 도움이 되리라는 의사의 권유로 임상 상담을 시작했다.

상담이 진행되는 동안 G군의 엄마는 자신의 트라우마를 털어놓았다. 20살에 아버지가 교통사고로 갑작스럽게 돌아가신 후, 장애인인 엄마를 대신하여 가장역할을 하며 살았다고 했다. 쉴 틈 없는 직장생활을 하며 이젠 간부급으로 승진한 상태이지만 항상 준비하고 일하지 않으면 다시 위기가 오고 대처하지 못할 것 같은 불안감에 긴장상태에 살고 있다고 했다. 또한 과거를 회상하며 대학 생활 당시 본인도 아무와도 자신의 힘듦을 나눌 수 없어 불안장애(공황발작) 수준의 증상을 경험했고 자살까지 생각한 적도 있다고 털어놓았다. 그렇게 부정적 감정들이 해소되자 통찰을 하며, "우리 아들도 그런 심정일까요?"라는 말과 함께 자기 자신과 아들과의 관계를 돌아보기 시작했다. 이후 G군의 엄마는 아들에게 "대학에 가고 사회에 나가는 게 두려울 수 있지. 네가 필요한 만큼 엄마가 기다려주고, 도와줄게."라며 아들의 심정을 공감했다. 이후 엄마 스스로 정서안정을 위해 노력하고 아들과의 의사소통도 증진한 결과 아들의 불안 증세가 호전되었다.

(출처: 상담자 R의 사례 중 요약 인용)

나. 우울장애

청소년기의 우울증은 비교적 흔하다. 우울증은 기분이 저조한 상태로 대인관계 위축이나 철수, 무기력, 수면장애, 섭식장애 등을 동반하기도 한다(김교헌, 2004; 안동현, 2009; 정순례, 양미진, 손재환, 2010). 청소년기의 우울증 원인은 다양한데, Seligman(1989)에 의하면 계속된 실패 경험으로 인한 학습된 무력감도 큰 원인이 된다고 본다.

청소년기에는 가면 우울증(Masked depression)도 많이 관찰된다. 이는 우울한 기분이 마치 가면을 쓰고 있는 것처럼 겉으로 드러나지 않는 우울증으로 표면적인 증상은 다르나 그 원인이 일반 우울증과 같아서 가면 우울증이라 한다. 복통, 요통, 흉통 등 신체적 호소가 많다. 슬픔이나 고통을 표현하는 대신 강박적 중독적 행동을 하기도 해서 세심한 관찰과 주의가 필요하다(나철, 1992). 심하면 자해나 자살로도 이어질 수 있어 수개월간 지속되면 전문적인 도움을 받아보는 것이 좋다.

다. 자살

청소년기의 자살은 증가 추세이다. 지나친 경쟁과 입시 그리고 폭력 등으로 인해 불안과 좌절을 경험한 청소년들이 극단적 선택을 하고 있다. 그러나 그들의 극단적 선택은 고통을 표현하는 것이며 관심을 얻으려는 수단이기도 하기에 주변 사람들의 관심과 도움이 필요하다. 특히 자살 충동은 대개 24시간에서 최장 48시간 이후는 감소하는 경향이 있으므로(육성필, 조윤정, 2019), 이런 위기에 처한 청소년을 발견했을 때는 힘든 순간 함께해 주고, 이후는 전문가의 도움을 받도록 연계해 주는 것이 매우 중요하다.

라. 섭식장애

섭식장애는 먹는 것과 관련된 장애로 건강이 염려될 정도로 과도하게 안 먹는 '신경성 식욕부진증(Anorexia Nervosa, 일명 거식증)'과 습관적으로 과도하게 먹고 토하기를 반복하는 '신경성 폭식증(Bulimia Nervosa)'이 있다. 이 중에서도 거식증으로 진단될 경우 건강에 치명적인 문제가 생길 수 있어서 입원치료를 권한다(노미애, 2012).

대부분의 청소년들은 부적응적인 증상을 보이더라도 일시적이며 대체로 심하지 않게 이 시기를 보낸다. 그러나 부적응의 정도가 심하고 장기간 지속될 경우 전문가의 도움을 받아보길 권할 필요가 있다.

빌드업 패밀리: 부모자녀의 효과적 의사소통

3강

의사소통의 실제 I – 너의 마음 듣기

서울상담심리대학원대학교 마음건강연구소

3강_ 의사소통의 실제 Ⅰ – 너의 마음 듣기

Ⅰ 의사소통의 전제조건

1 마음이 통하는(소통하는) 대화란?

건강하고 행복한 가정생활을 유지하기 위해서는 끊임없는 노력과 관심이 필요하다. 바람직한 가정을 이루기 위해 가족 구성원 모두 서로 존중하고 격려하는 태도가 요구되는데 이를 위해서 무엇보다 적응적인 의사소통이 필요할 것이다. 의사소통이란 말하기, 듣기, 읽기, 쓰기와 같은 언어적 의사소통 이외의 감정 나누기, 상대방과의 공감 등 비언어적 측면이 포함된다. 즉 비언어적 의사소통은 얼굴표정, 몸짓, 행동, 옷차림 등을 포함하며, 상대에 대한 신뢰, 자신의 생각이나 감정을 자유롭게 표현할 수 있는 분위기, 다른 사람의 말을 진지하게 듣는 자세나 태도도 의사소통의 중요한 요인이라고 할 수 있다(정옥분, 2004).

소통이란 사람과 관계를 맺는 것이다. 무엇보다 진정한 관계를 맺기 위한 대화는 근본적으로 상대방을 먼저 배려하고 존중하는 마음을 통해 이루어진다고 할 수 있다. 소통에는 두 가지 차원이 있다. 하나는 내용 즉 메시지 전달이고 다른 하나는 관계 형성과 유지의 차원이다. 소통 즉 'communication'의 어원은 '함께 나눈다', '공유한다'는 뜻으로 메시지를 상대방에게 전달하기보다 어떠한 경험을 함께한다는 뜻을 내포하고 있다. 그러므로 소통은 공통의 경험을 함께 나누는 '공감'의 원천이라고 할 수 있다. 부모는 자녀의 마음을 읽어주고 알아주는 반응을 통해 자녀와 함께 경험하는 관계를 형성할 수 있다(김주환, 2021). 그러므로 소통을 잘하기 위해서는 타인의 욕구와 자신의 욕구가 다름을 알아차리고 다른 사람의 마음을 배려하며 자신의 마음을 적절히 표현하는 것이 중요하다. 자녀와 원활한 소통을 하기 위해서 가장 중요한 역할은 부모가 자녀의 말에 귀를 기울이는 것이다. 단순히 말을 듣는 것이 아니라 말속에 담긴 숨긴 감정까지 알아차리는 것을 말하는데 부모는 자녀의 감정을 진심으로 존중하고 마음으로 이해하려고 노력해야 한다. 자녀에게 충고하기보다 이해하고 자녀가 느끼는 그대로 느끼려고 노력하면서 자녀의 모든 행동을 받아들일 수는 없지만 모든 감정과 소망은 받아들일 수 있음을 적극적으로 전해야 한다(Ginott, 2003).

"말 한마디에 천 냥 빚을 갚는다."라는 말이 있다. 의사소통이 원활히 이루어져서 마음이 통하는 대화가 이루어졌을 때 얻을 수 있는 효과를 나타내는 표현이라 할 수 있다. 말은 그만큼 인간관계를 맺는 데 중요한 요소이며 말을 통해 마음이 통하도록 대화하는 기술은 행복한 삶과 자녀 양육을 위한 필수적 기술이다. 마음을 나누는 의사소통을 위한 대화의 기술은 실제로 많은 연습과 훈련을 통해 획득할 수 있는 것임에도 불구하고, 언어습득이 통상 생득적 기능으로 여겨지는 이유로 간과되어왔다. 이에 본 교육에서는 마음이 통하는 대화란 어떠한 것인지를 살펴보고, 그 구체적 기술을 제시하고자 한다.

1) 사리대화와 심정대화의 개념

우리가 일상에서 나누는 많은 대화는 지식과 정보를 주고받는 대화이다. 이러한 정보 전달을 목적으로 생각을 전하는 대화를 사리대화(事理對話)라고 한다. 사리대화에서는 메시지를 명확하고 간결하게 전달하여 모호성을 최소화하는 것이 중요하다. 생각과 정보만을 주고받는 것이 아니라 마음속의 감정을 주고받기도 하는데, 이러한 대화를 심정대화(心情對話)라 한다(최상진, 2000; 한성열, 2021). 실제 사람들은 이 두 가지 대화를 혼용한다. 의사소통에 중요한 대화는 마음이 통하는 대화로 심정대화를 말한다. 문화 심리학적으로 볼 때, 언어는 인간의 내면과 문화를 이해하는 데 중요한 도구로 사용된다(한성열 외, 2015). 우리의 언어 표현을 살펴보면 '머리가 잘 통해서 좋다'는 표현보다 '마음이 잘 통해서 좋다'는 표현을 주로 쓴다. 사리대화에서 오가는 생각을 머리로 하는 것이라 통칭하고, 심정대화에서 오가는 감정을 마음이 하는 것이라 통칭해 보면 소통에 있어 심정대화가 중요함을 알 수 있다. 한국인에게 있어서 마음은 심정을 나타낸다(한성열 외, 2015).

일반적으로 의사소통에서는 심정대화가 중요한데, 청소년을 대상으로 하는 대화에서는 특히 더 중요하다. 청소년은 뇌가 폭발적으로 발달하는데, 이 중에서도 특히 편도체가 발달하면서 편도체의 역할인 감정 영역이 확장된다. 그러므로 청소년은 의사소통에 있어서 생각보다는 감정의 영향을 받고 감정적 소통이 이루어질 때 의사소통을 위한 마음을 연다(김서영 외, 2016). 청소년은 아이에서 어른으로 크게 성장하고 발전하는 시기이므로 이때 부모는 이들이 잠재력을 꽃피우도록 긍정적인 영향을 끼칠 필요가 있다. 따라서 청소년을 대상으로 의사소통을 하려는 부모는 심정대화의 중요성을 이해하고 그 기술을 익혀 활용할 필요가 있다.

2) 사리대화와 심정대화의 차이점

지식과 정보를 제공하는 사리대화를 할 때는 정확한 지식과 정보를 '말하는 것'이 중요하며, 주로 일상대화 중에서 행해지는 심정대화에서는 말하는 것보다 '듣는 것'이 중요하다. 예를 들어 자녀가 "엄마, 숙제가 너무 많아요."라고 말하는 상황을 가정하고 다음 두 부모의 반응을 살펴보면 다음과 같다.

> A 부모: "숙제가 많다니... 그 정도도 안 해서 어떻게 성적을 올리겠니? 여태 그런 식으로 해서 공부를 못하는 거야."
> B 부모: "숙제가 많아서 힘든가 보구나."

A 부모와 같이 정보 전달을 위해 사실에 기반하여 사리대화로 반응하면 상대는 기분이 나빠지고 상대방은 더 이상 말하고 싶지 않거나, 말문이 막힐 수 있다. 반면,

B 부모는 자녀가 말한 심정에 반응해서 답을 했다. 이렇게 자녀의 말에 심정 듣기로 대답하면 자녀는 '부모가 내 마음을 알아주는구나.'라는 느낌이 들면서 더 대화를 이어 가고픈 마음이 생길 수 있다. 이처럼 심정대화는 상대의 심정에 반응하여 상대의 마음을 '듣는 것'이 중요하며 이는 관계 맺기의 기본적 원칙이다.

이렇게 중요한 상대의 심정을 듣는 방법은 크게 세 가지 방식이 있다.

첫째는, 상대방의 말을 '열린 마음으로 듣는 것'이다. 사리대화를 하다 보면 의식적 무의식적으로 상대방의 말에 대해 무슨 답을 할지 생각하려는 경향이 있다. 그렇게 상대에게 대답할 말을 생각하다 보면 상대방의 말에 온전히 집중하기 힘들고 제대로 알아듣기가 어렵게 된다. 우리는 누군가가 내 말을 잘 들어준다는 느낌이 들 때 친밀감을 느끼고 대화를 더 이어 가고 싶은 마음이 든다. 그러므로 상대의 말을 잘 듣기 위해서는 일단 내가 하고 싶은 말은 잠시 내려놓고 열린 마음으로 상대의 마음에 귀를 기울이는 여유가 필요하다.

둘째는, 상대방의 말에 '주의를 기울이며 묵묵히 듣는 것'이다. 이를 심리학에서는 소극적 경청(passive listening)이라 한다(Psychologytoday.com). 상대방의 말을 들으려면 자신의 말을 잠시 접어두고 기다릴 줄 아는 미덕이 필요하다. 기다림엔 "너의 이야기를 듣고 싶고 너의 마음을 알고 싶어."라는 무언의 메시지가 있기 때문이다. 이와 같이 원활한 의사소통을 하고 좋은 관계를 맺는 데 중요한 덕목 중의 하나는 '기다림'이다(노미애, 2016).

셋째는, 상대방이 말한 내용은 물론 감정에 귀 기울이며, 속뜻을 알아듣고, 피드백하며 듣는 것이다. 이것을 심리학에서는 적극적 경청(active listening)이라 한다(강진령, 2007). 이는 소극적 경청과 달리 듣는 사람이 적극적으로 대화에 참여하며 듣는 것을 말한다. 예를 들면, 말하는 중간에 '그래', '응', '맞아', '그렇구나', '너는 (… 감정을) 느끼는구나' 등으로 맞장구를 치며 듣는 것이다. 또한 '그래서?', '그 부분은 무슨 뜻이야?'처럼 잘 이해되지 않는 부분은 질문해 가며 자세히 듣는 것이다. 이때 중요한 것은 상대의 감정에 초점을 맞추어 듣는 것이다.

Ⅱ 듣기(적극적 경청)의 기술

1 감정 반영하기(Reflecting)

적극적 경청의 기술 중 심정대화인 감정의 반영하기를 잘하기 위해서는 감정에 초점을 맞추어 듣는 연습이 필요하다. 대화는 말을 하는 사람(話者)과 말을 듣는 사람(聽者)이 번갈아 가며 말을 하는 과정을 포함한다. 만약 말하는 사람만 말하고, 듣는 사람이 듣지 않는 상황이 된다면, 이것은 독백(獨白)이 될 것이다(한성열, 2021). 대화가 되기 위해서는 말하는 사람과 듣는 사람이 번갈아 말을 해야 하는데, 듣는 사람이 반응하는 과정에 심정대화의 듣기 기술이 필요하다.

아래의 상황 대화를 보며 자세히 살펴보도록 하겠다.

감정 반영하기의 예시

혼자 욕을 중얼거리는 자녀에게 반응하는 부모

A부모: 너 지금 욕한 거야?
자녀: 엄마한테 한 것은 아니에요.
A부모: 부모 앞에서 욕을 하다니 못됐구나.

B부모: 너 지금 욕한 거야?
자녀: 엄마한테 한 것은 아니에요.
B부모: 누구한테 그렇게 심한 욕을 한 거야?
자녀: 딱히 누구랄 것은 없지만 완전 짜증 나잖아요.
B부모: 무슨 일이 있었는데... 그렇게 심한 욕을 할 수가 있어?
자녀: 아씨, 짜증 나! 나만 그런 것 아니라구요.
B부모: 무엇이 우리 00를 이렇게 힘들게 할까?

자녀: 알려줘도 절대 이해 못 할 거예요.

B부모: 힘든 것은 알겠는데 욕을 해서 해결할 수는 없으니 어떤 일이 있었는지 차근차근 알아 보자. 엄마가 도울 수 있으면 도울게.

자녀: ...알겠어요.

부모가 자녀에게 자신의 생각을 가르치려 하기보다 자녀의 '감정'을 읽고 알아주는 것이 중요하다. 자녀가 불만을 욕으로 표현하는 것은 적절하지 않지만 무조건 지적하기보다는 자녀 스스로 욕을 하는 것이 도움이 되지 않고 좋지 않다는 점을 깨달을 수 있도록 돕는다. 이러한 과정을 통해 자녀가 자신의 속마음을 편안하게 나눌 수 있고 부모의 가치관이나 체면을 강요하지 않는 것을 알게 되면, 자녀는 자신이 존중받는다는 느낌을 가질 수 있다(박미자, 2022). 이렇게 상대의 감정을 이해하는 것을 일상의 대화에서 자연스럽게 실천함으로 앞으로 대화가 지속될 가능성을 열 수 있다. 이와 같은 '감정 듣기' 기술의 주안점을 종합해 보면 "너는 (~한 감정)을 느끼는구나."라는 문장으로 요약해 볼 수 있다. 이처럼 듣는 사람이 자신의 생각을 잠시 내려놓고 말하는 사람의 심정을 듣는 대화를 지속하면, 말하는 사람은 듣는 사람이 '내 말을 잘 들어주는구나.', 또는 '내 심정을 알아주는구나.'라고 느끼면서 더 소통할 수 있게 된다.

2 거울처럼 반영하기(Mirroring)

거울처럼 반영하기(Mirroring)는 말하는 사람의 말의 내용을 정확하게 비추어 되돌려 주는 과정이다. 가장 흔한 형태의 '반영하기'는 상대방이 한 말을 그대로 듣는 사람의 말로 말하는 것이다(임용자, 2010). 이런 기술은 반영하기의 영어표현과 같이 거울(Mirror)처럼 그대로 받아주는 것이다.

이런 방법은 대체로 대화 도중 상호 간 감정적이 될 때나 친밀한 관계에서 갈등이 생겼을 때 사용하면 좋다. 왜냐하면 대화가 진행되는 동안 감정적이 될 때, 뇌가 대뇌피질(cotex)을 활용하여 이성적으로 숙고하는 것이 아니라, 뇌간(brain stem)과 변연계

(limbic system)를 활용하여 감정적이고 과거의 나쁜 습관대로 반응하기 쉬운 상태가 된다[7](Brown, 2009). 이런 상황에서는 서로 사소한 표현에도 심정이 통하지 않는 느낌을 받기 쉽다. 따라서 이런 순간에 거울처럼 반영하기를 해주면, 공격하거나 방어하지 않는다는 안전한 느낌이 들면서 대화를 진행할 수 있다.

거울처럼 반영하기 기술은 '습관적으로 감정적으로 반응하는 뇌'를 안정화시켜 대화를 돕는 구체적 방법이다. 실제 표현 방법은 "그러니까 네 말은 ..."과 같은 말로 시작하여 상대의 말을 반복해 주는 것이다. 이렇게 듣는 사람이 언어로 표현을 해주면, 말하는 사람은 '예', '그래요'라는 반응을 하면서(이런 반응은 생략될 수도 있다) 대화가 이어질 수 있다.

거울처럼 반영하기의 예시

(자녀가 서로 다툰 상황에서 자녀를 불러 따로 대화하는 장면: 이때 형과 동생이면 형부터 들어줄 것.)

자녀: (상기된 얼굴로) 엄마는 00에게는 뭐라 하지 않고, 제게만 뭐라 하잖아요?
부모: 그러니까 네 말은 엄마가 00에게는 뭐라 하지 않고, 너한테만 뭐라 한다는 거지?
자녀: 네. (자녀의 감정이 가라앉는다)

3 재진술하기(Paraphrasing)

재진술하기는 말하는 사람이 말하는 어떤 상황, 사건, 생각, 감정 등을 듣는 사람이 동일한 뜻의 같거나 비슷한 말로 바꾸어 말하는 기술을 말한다(Hill, 2012). 듣는 사람이 말하는 사람의 말을 재진술해 주면 말하는 사람은 듣는 사람이 자신의 말을 경청

7) 뇌간(brain stem)은 파충류의 뇌(reptilian brain)라고 불리고, 대뇌 변연계(limbic system)는 포유류의 뇌(mammalian)라고 불린다. 이 두 부분은 오랜 기간 존재해 왔다고 하여 '오래된 뇌(old brain)'라고도 하고 좀 더 본능적이고 충동적인 기능을 담당하기에 '반응하는 뇌(reacive brain)'라고도 한다. 반면, 피질(cotex)은 생각을 떠오르게 하며 인간에게만 유일하게 존재하는 부분으로 '숙고하는 뇌(reflective brain)'라고 한다(Brown, 2009).

하고 있다는 느낌을 받고, 때로는 자신의 말을 다시금 곱씹어 보게 하여 대화의 내용이 좀 더 의식적이고 핵심적인 내용으로 변화하게 하기도 한다. 구체적 표현은 "…한 상황이구나(상황)", "…한 일이 있었구나(사건)" 등이 있다.

재진술의 예시

(자녀가 늦게 귀가한 상황)

부모: 지금 몇 시냐?
자녀: 친구랑 이야기하다가...
부모: 잘한다. 시험이 코앞인데 이 시간까지 친구나 만나러 다니고.

부모: 많이 늦었구나.
자녀: 친구랑 이야기하다가...
부모: 친구랑 있었구나. 전화도 없이 늦어서 걱정했단다.
자녀: 죄송해요. 일찍 오려고 했는데...
부모: 늦으면 문자라도 해주렴. 친구랑 이야기는 잘 되었니? 시험 기간이 얼마 안 남았는데 우선 마음이 편해야 공부가 되겠지.
자녀: 차차 해결하고 이제 시험 공부해야죠.

4 명료화(Clarification)

명료화는 말하는 사람의 말이나 내용이 모호하게 여겨질 때, 구체적으로 파악하기 위한 방법이다(소미영, 2012). 대개는 내용의 일부를 반복하면서 중요한 내용에 대해 "…은 …이라는 뜻(의미)인가요?" 등으로 질문하는 방식으로 이루어진다.

명료화의 예시

자녀: 저 사춘기예요. 함부로 건들지 마세요!

부모: 사춘기 맞아. 많이 컸구나. 대견해. 아무도 우리 00를 함부로 건들면 안 되지. 앞으로는 중요한 집안일을 결정할 때도 너의 의견을 듣도록 노력할게.

5 요약하기(Summarizing)

요약은 말하는 사람이 말한 내용들을 총합하여 같은 의미의 말로 압축하여 말하는 기술로 재진술과 반영하기의 확대 기술이다(이규미, 2017). 이는 들은 내용을 하나의 온전한 메시지나 생각으로 엮는 시도라 할 수 있다. 요약은 심정대화의 필수 기법 중 하나이다(Corey & Corey, 2013).

요약하기의 예시

자녀: 엄마 아빠는 공부밖에 몰라. 내가 학교 끝나고 바로 학원 가고 저녁에 집에 오면 집에서도 쉬지도 않고 공부만 하기를 바라나 봐.

부모: 그러니까 네 말은 학교와 학원에서 종일 공부하고 오는데 엄마가 집에서 쉬지도 못하게 공부를 강요하는 것 같다는 말이지? 엄마도 공부가 전부라고 생각하지는 않아. 그저 걱정돼서 한 말인데 네가 밖에서 얼마나 힘들었을지 미처 생각하지 못했구나. 미안해.

6 타당화, 인정하기(Validation)

타당화는 말하는 사람이 말한 내용이 상황적으로 또는 논리적으로 이치에 맞는다고 이해하고 "그 상황에서는 그럴 수밖에 없었겠다."라고 타당성을 부여해 주는 것이다. 여기서 주목할 점은 듣는 사람이 말하는 사람의 메시지를 타당화하는 과정은 듣는 사람이 말하는 사람의 의견에 동의하지 않는 경우에도 가능하다는 점이다. 듣는 사람이 자신의 관점을 내려놓고 말하는 사람의 말에 호기심을 갖고 충분히 듣는다면 말하는 사람의 입장을 이해하고 인정할 수 있다(Brown, 2009). 이는 모든 인간은 서로 다르기에 다른 의견을 가질 수 있고 다른 상황에 처할 수 있음을 인정하기 때문이다. 다름을 인정하면 말하는 사람의 말을 머리로 이해하고 인정하기가 수월하다. 구체적 표현은 "네가 …하기 때문에 그렇다는 것이 이해가 된다.", "그때는 그럴 수밖에 없었겠네…" 등이 있다.

타당화의 예시

자녀: 제가 어린아이도 아니고 제가 알아서 할게요. 남에게 민폐가 되고 싶지 않아요.

부모: 그래, 네가 이렇게 많이 커서 혼자 힘으로 해결하려고 하는 것은 알겠어. 너를 믿고 존중하지만 엄마는 너의 안전보다 중요한 것은 없으니 도움이 필요하면 알려주렴.

7 공감(Empathy)

공감은 듣는 사람이 말하는 사람의 감정을 자신도 그렇다고 느끼는 과정으로, 말하는 사람이 느낀 경험 세계에 참여하고 들어가려는 노력이라 할 수 있다(Brown, 2009). 더 나아가 공감을 잘하기 위해서는 '공감적 이해'가 필요한데, 공감적 이해란 상대의 말속에 들어있는 감정을 내가 경험한 것처럼 이해하는 것을 일컫는다(이장호 외, 2008). 이는 감정 반영하기의 높은 수준에 해당하는 것으로 감정 반영하기가 단순히 말하는 사람의 감정에 반응하는 수준이라면, 공감은 말하는 사람의 깊이 있는 감정을 듣는 사람이 자신의 경험처럼 함께 느끼고 그의 내면에 있는 성장 동기까지도 읽어주는 것을 말한다(연문희, 2004). 이렇게 대화를 하면 말하는 사람은 자신의 있는 그대로의 존재 자체가 온전히 수용되는 느낌을 받으면서 깊은 내면을 드러내고 마음이 통하는 의사소통을 하게 된다.

공감은 자칫 타당화와 혼동되기 쉬운데, 타당화는 듣는 사람이 말하는 사람의 입장에서 머리로 이해해 주는 것이라면, 공감은 가슴으로 느끼는 것이라 할 수 있다. 실제 심정대화에서는 이 두 가지를 모두 활용하면 좋은데, 한국인은 심정주의 문화를 기반으로 하기에 공감이 더 큰 역할을 하기 쉽다(한성열 외, 2015).

공감의 예시

(이유 없이 짜증 내는 자녀에게)

A부모: 넌 왜 집에만 오면 짜증이냐?
그게 화낼 일이야? 네가 좀 참으면 되잖아.
그런 일로 그렇게 짜증만 내면 앞으로 험한 세상 어떻게 살아가겠니?

B부모: 우리 00가 짜증이 많이 났네. 무슨 일로 이렇게 화가 났을까?
화가 많이 났을 텐데 잘 참고 집에까지 와주어 고마워.
힘들어 보이는데 엄마가 좀 안아줄까?

Ⅲ 사춘기 자녀와의 구체적 의사소통 실제

1 부모자녀 의사소통 전략

우리는 대화를 통해 정보와 생각을 전달하면서 동시에 관계를 형성한다. 나아가 소통은 제대로 된 인간적 신뢰를 통해 관계를 맺고 그것을 유지할 수 있는 능력이라고 할 수 있다(김주환, 2021). 이러한 소통 능력은 긍정적 정서와 함께 향상될 수 있는데 특히 부모자녀가 서로 존중받고 있음을 느끼면 부모자녀 모두 살아갈 힘을 주고받을 수 있는 협력적인 관계를 맺을 수 있다. 사춘기 청소년이 부모로부터 존중받고 경청받는 경험을 통해 자신의 삶을 사랑하고 나아가 타인을 존중하고 자연스럽게 타인의 말을 경청할 수 있게 된다.

1) 감정 소통하기

자녀가 자기 감정을 잘 표현하도록 알아차려 주고 물어봐 주는 것을 통해 자녀는 모든 감정을 느껴도 괜찮다는 것을 경험하게 된다. 이를 위해서는 부모 자신이 먼저 자신의 감정을 적절히 표현하고 조절할 수 있어야 한다. 자녀와 소통하면서 부정적인 감정이 올라올 땐 자신의 감정 상태를 알리고 서로 자기 감정을 조절할 수 있는 공간으로 피하는 것도 감정을 조절하는 한 방법이다(이영민, 2022).

호르몬 불균형과 뇌신경의 변화에 따라 청소년들은 종종 과하거나 부적절하게 자신의 부정적 상태를 표현하곤 한다. 이때 부모는 강한 감정을 표현하는 자녀에게 더 강하고 세게 대응하기보다 부드럽고 침착하게 반응함으로써 자녀의 불안이나 힘든 마음을 진정시켜 줄 수 있다. 자녀를 문책하거나 큰소리로 제지하기보다는 가능한 목소리를 낮추고 천천히 속도를 늦추면서 자녀의 마음을 다독여주고 부정적 감정을 표출해도 안정적으로 자녀를 존중하고 기다려 주겠다는 마음을 전하는 것이 중요하다. 이러한 부모의 안정적인 반응을 통해 자녀는 감정을 적절히 표현하는 방법을 배우며 성장하게 된다(박미자, 2022).

2) 자녀와 시시비비를 따지지 않기

논리와 상관없이 자녀의 말을 경청하고 자녀의 입장을 헤아려보고 존중한다. 즉 부모는 "나는 이렇게 생각하는데 너는 그렇게 생각할 수 있겠구나."라고 자녀의 입장을 인정하고 자신의 기준에 부합되지 않더라도 자녀가 그렇게 생각하는 이유를 찾아본다. 혹은 부모가 자녀에게 실수나 잘못을 했을 때 이를 인정하면 부모의 모습을 통해 자녀도 배우게 된다. 자녀가 바로 용서하거나 받아주지 않아도 자녀의 마음이 풀릴 때까지 기다리는 부모의 용기 있는 태도가 부모의 권위를 만들어 준다.

3) 힘의 논리로 강요하지 않기

자녀가 부모와의 관계에서 가장 힘들어하는 부분은 부모가 자신의 생각이나 의견을 고려할 의사가 없는 경우라고 할 수 있다. 부모에게 의존할 수밖에 없는 힘없는 자녀의 입장에서는 매우 절망감을 느낄 수 있다. 부모자녀의 힘의 불균형에 의해 마음이 약한 자녀는 어쩔 수 없이 부모의 의견에 따르거나 타협할 수 있으므로 부모는 자녀의 반항이 자기 존재를 알리는 신호로 잘 성장하고 있다는 증거로 여길 수 있는 여유를 갖는 것이 필요하다. 하지만 자녀의 의견과 생각을 표현하도록 격려하면서도 부모가 이를 반드시 수용할 필요가 없음을 기억하자.

4) 자녀의 태도를 지적하지 않기

사춘기를 겪는 자녀가 고분고분하지 않거나 퉁퉁거리는 태도를 보이는 것은 너무 당연하다. 태도를 운운하면 자녀와 소통하기 어렵다. 부모가 아무리 자녀를 사랑해도 자녀가 원하는 방식인지 확인할 필요가 있다. 자녀가 받고 싶은 방식이 아닌 경우 자녀는 부모의 사랑이 버겁거나 사랑으로 느끼기 힘들기 때문에 거부적인 태도를 나타낼 수 있다.

특히 사춘기에 접어든 자녀와 부모의 대화방식은 자녀의 어린 시절에 일방적으로 받아주고 감싸주던 것에서 자녀의 생각을 존중하고 의견을 경청하는 대등한 관계로 변화하여야 한다. 이러한 관계 변화를 반영하여 부모는 자녀에게 일방적인 명령이나 지시형보다는 자녀의 마음을 물어봐 주는 의문형(따지는 질문이 아닌)으로 다가가는 것이 도움이 된다. 특히 독립심이 높아지는 청소년은 아직은 부모에게 경제적으로나 사회적으로 의존해야 하는 상황이기 때문에 누군가에게 끌려가는 느낌이 들면 짜증을 내며 예민하게 반응하고 저항감과 무력감이 들 수 있기 때문에 부모가 결정하고 전달하고 강요하기보다는 자녀가 자신의 의견을 말할 수 있는 기회를 주고 스스로 결정하고 선택하도록 하는 것이 중요하다(박미자, 2022).

존중형의 예시

(자녀의 어질러진 방을 보며 부모의 반응)

부모: 방이 이게 뭐냐?
자녀: 방이 왜, 어때서?

부모: 너무 어지럽잖아.

자녀: 내가 알아서 할게.

부모: 많이 바쁜가 보네...

자녀: 갑자기 왜?

부모: 방이 많이 어질러 보여서 그래.

자녀: 내가 알아서 할게.

부모: 그럼 언제까지 가능할까?

자녀: 이번 주말까지는 정리할게요.

부모: 그렇게 말해주어 고맙다.

학생: 네... (말없이 고개를 떨구고 돌아감)

사춘기 청소년은 자신의 마음을 언어로 논리적으로 표현하거나 제대로 전달하는 데 아직 서툴기 때문에 소통에서 답답함을 표현하고 강한 표정이나 행동으로 표출할 수 있다. 이렇게 겉으로 나타난 반항적인 행동이나 태도에 초점을 맞추어 혼내려 하기보다 미숙하고 불안정한 행동을 잠시 멈추고 자녀가 차분히 의견을 표현할 수 있도록 기다려 주는 것이 필요하다. 부모가 자녀의 말을 충분히 들어주고 존중받는다는 느낌이 들도록 '왜?', '그렇지만'보다는 '그래?', '그래서?' 등 긍정적 추임새로 반응하면 청소년은 더욱 활기차고 자존감이 높은 성인으로 성장할 수 있다(박미자, 2022).

Ⅳ 심정대화 중 듣기를 할 때, 주의할 점

'듣기'의 기술은 심정대화를 하고자 하는 마음만 있으면 누구나 학습할 수 있는 내용이다. 이처럼 적극적 듣기의 기술은 누구나 알고 있는 듯한 기술이지만 구체적 상황에 맞는 구체적 기술을 몸에 익혀 자연스럽게 활용하는 것은 쉽지 않다. 자녀가 인간관계를 맺는 일차적인 대상은 주 양육자인 부모이다. 부모와의 친밀한 관계와 수용받는 경험을 통해 타인에 대한 신뢰와 안정감을 나타낼 수 있으므로 자녀가 안전하게 자신을 표현하도록 돕는 것은 중요하다. 자녀의 생각을 이해하고 표현하는 대화법을 꾸준히 연습하여 자연스럽게 사용할 수 있도록 익히면 심정대화로 자녀와 의사소통하는 데 도움이 될 수 있을 것이다. 심정대화 중 듣기를 할 때 주의할 점은 다음과 같다.

첫째, 듣는 사람은 상대를 평가하거나, 판단, 조언하려 하기보다는 존중하는 태도를 갖추는 것이 좋다. 살아가다 보면 평가, 판단, 조언을 해야 하는 순간들이 있다. 그러나 일상의 대화에서는 로저스의 인간중심상담 이론(Rogers, 1998)에서처럼 상대를 평가하거나 판단하기보다는 존중하는 마음으로 대할 때 심정대화로 이어질 가능성이 높다. 앞의 예시들에서 본 바와 같이 심정대화를 하고 싶은데 사리대화로 답하면, 말문이 막힌다. 일상의 삶에서 청소년들은 가슴속에 있는 부정적 감정을 심정대화를 통해 말하고 빨리 털고 편안해지고 싶어 한다. 그러나 그들이 교사나 부모에게 마음을 잘 털어놓지 않는 이유는 평가하거나, 판단, 비난, 충고를 듣게 될까 봐 두려워하기 때문이다. 실제로 심정대화를 통해 마음이 통한다는 느낌이 들면, 청소년들은 친밀감과 안정감을 느끼게 되고, 인간은 그런 상황에서 잠재력을 실현하기 위한 경향성을 드러낸다(Rogers, 1998). 즉 심정대화는 청소년에게 심리적 에너지를 자신의 잠재력 실현에 사용하게 하는 효과가 있으므로 긍정적인 영향을 미치게 된다.

둘째는, 대화를 할 때 서로 말하고자 하는 바가 있을 수 있지만 말하는 사람의 감정이 편안해질 때까지 끝까지 듣는 것이 좋다. 이때 서로 자신의 말만을 계속하다 보면, 대화가 이어지지 않고 공허해지고 갈등이 생기거나 소통이 되지 않을 수 있다. 상대가 말하기 시작하면 듣는 사람이 상대방의 감정을 충분히 느끼면서, 말하는 사람의 감정이 편안해질 때까지 들어 주는 것이 중요하다. 이렇게 듣기가 충분히 이루어지면 말하는 사람의 감정이 편안해지고 남의 말을 들을 여유가 생긴다. 이와 같이 말하는 사람과 듣는 사람이 입장을 바꾸며 자신의 심정을 말하면 상대에게 나의 말을 전하고 소통하게 될 가능성이 높아진다.

셋째, 실제 대인관계 상황에서 비언어적 메시지는 언어적 메시지보다 더 민감하게 전달될 수 있고, 언어적 메시지와 비언어적 메시지가 일치하지 않을 경우 의사소통에 혼란을 가져올 수 있어서 주의가 필요하다. 심정대화를 할 때는 이런 비언어적 메시지에 특히 주의를 기울일 필요가 있다. 비언어적 메시지는 무의식적으로 표출된다는 특성 때문에 언어적 행동보다 감정을 더 정확하게 나타내기도 하기 때문이다(강진령, 2007). 따라서 이런 비언어적 메시지에 귀를 기울이면 상대의 말과 상황을 이해하는 데 도움이 된다.

빌드업 패밀리: 부모자녀의 효과적 의사소통

4강

의사소통의 실제 II – 나의 마음 말하기

서울상담심리대학원대학교 마음건강연구소

Ⅰ. 의사소통을 위한 '말하기' 기술

Ⅱ. 심정대화의 '말하기' 기술

Ⅲ. 부모의 '말하기' 기술

Ⅳ. 부모자녀 의사소통 시 주의할 점

Ⅴ. 소통하는 대화의 실례(실습용 사례)

4강 _ 의사소통의 실제 II – 나의 마음 말하기

I 의사소통을 위한 '말하기' 기술

1 심정대화의 '말하기'와 사리대화의 '말하기'의 차이점

의사소통을 위한 대화에는 사리대화(事理對話)와 심정대화(心情對話)가 있다. 한 연구에 따르면, 실제 대화에서 사리대화는 70~80%, 심정대화는 20~30% 정도를 차지한다고 한다(유동수, 2000). 이는 사리대화가 실제 의사소통의 상당 부분을 차지한다는 결과이다. 그러나 사람들 사이에 '마음이 통한다'고 하거나, 관계에서 '소통이 잘 된다'는 의미는 심정(心情)이 통하는 것을 전제로 한다. 연구에 의하면, 정서적 접촉과 효율적 의사소통 사이에 높은 관계가 있다는 보고가 있다(성윤미 외, 2018). 즉, 심정대화가 가능한 관계가 전제될 때 사리대화의 의미도 잘 전달된다고 볼 수 있다.

사리대화의 말하기 기술은 지식과 정보를 전달하는 대화인 만큼 정확한 정보를 간결하고 명확하게 말하는 것이 중요하다. 반면 심정대화의 말하기 기술은 심정(마음)을 전하는 대화인 만큼 '감정'을 말하는 것이 중요하다(한성열, 2021). 심정대화의 듣기에서 너의 감정을 듣는 것에 초점을 맞춘 것을 그대로 적용하되 반대로 적용하는 과정으로 듣기 기술을 충분히 활용할 수 있다면 말하기 기술도 이미 절반 이상을 습득한 것으로 볼 수 있다. 다만, 말하기 과정의 핵심은 나의 감정을 진솔하게 상대에게 말하는 것으로 부모가 자녀의 감정을 이해하고 공감한다는 사실을 알려주면 자녀는 자신의 정서적 경험을 신뢰하고 자기 존중감을 키울 수 있게 된다(Gottman, 2007).

Ⅱ 심정대화의 '말하기' 기술

1 상대방이 들을 준비시키기

'듣기'의 기술을 통해 말하는 사람의 말을 충분히 들은 후, 듣는 사람도 입장을 바꾸어 자신의 마음을 말할 필요가 있다. 이때 말하는 사람과 듣는 사람의 역할이 갑자기 전환될 경우 말하는 사람이 당황할 수 있다. 따라서, 듣는 사람은 지금까지 느낀 자신의 심정을 상대방에게 말하기 전에 상황 전환에 대한 준비의 말을 하면 좋다. 예를 들면, "지금부터는 내가 말해도 될까?", "이제 내 얘기도 좀 해도 될까?" 등의 표현을 하면 좋다. 이런 표현을 하면 상황에 대한 환기가 되면서, 화자는 듣는 사람에서 말하는 사람으로 입장을 바꾼 상대의 말을 들을 마음의 준비가 되므로 이후 대화가 훨씬 수월해질 수 있다.

2 감정 말하기

심정대화의 '말하기'는 심정대화의 대표적 '적극적 경청'의 기술인 '감정 반영하기' 과정을 반대로 적용하는 기술이다. '적극적 경청'의 기술인 '감정 반영하기'는 듣는 사람이 말하는 사람의 말에 대한 반응을 할 때, "너는 (…한 감정을) 느끼는구나."의 형식으로 대답하는 기술이다. 이를 바탕으로 상대의 감정을 듣는 것이 아닌 나의 감정을 말하기 위해서는 기본적으로 "나는 (…한 감정)을 느낀다."의 형식을 취한다. 즉, 말하는 사람이 자신의 감정을 말하는 것이기 때문에 주어는 '나(1인칭)'로 바꾸고, 자신의 마음을 표현하는 것이므로 '…하다'의 형식을 취하는 것이다.[8] 다만, 이렇게 감정만을 말하면 듣는 사람은 말하는 사람이 느낀 감정의 원인을 몰라서 어리둥절할 수가 있다. 따라서 '너의 (…한 행동) 때문에'라는 원인을 함께 말해주면 좋다.

감정 말하기의 예시 1

A부모: 네가 너무 늦어서, (내가, 엄마가) 걱정했단다.

감정 말하기의 예시 2

B부모: 그런 말 하기 어려웠을 텐데, 말해줘서 (내가) 참 고맙다.

3 분노(화) 표현하기

많은 부모들이 분노를 느낄 때 이를 표현하기 어려워하고, 두려워하기도 한다. 실제 자녀를 양육해 보면 아이들의 끝없는 요구, 갑작스러운 돌발 상황 등으로 화가 나는 일이 너무나 많고, 이를 참다가 결국 화를 내게 되면 후회와 죄책감으로 이어질 수 있다. 이처럼 분노가 폭발하면 여러 문제를 일으킬 수 있으므로 화를 적절히 표현하여 상황을 변화시키고 나아가 문제를 해결하는 에너지로 활용할 필요가 있다. 부모가 분노를 표현할 때, 가장 주의할 점은 자녀를 모욕하지 않으면서 분노를 표현하는 것이다(Ginott, 2003). 특히, 부모는 힘을 지닌 어른이기에 어린 자녀에게 모욕이나 창피를 주면서 분노를 표현하면 자녀에게 부정적인 영향을 줄 수 있다. 반면 적절한 방법으로 화를 표현하면 관계 소통에 도움이 되고 자녀도 이러한 경험을 통해 자신의 화를 잘 다룰 수 있게 된다. 그 구체적 기술은 아래와 같다.

8) 대화법의 종류를 말할 때, 'I 메시지'라는 방식이 있다. 이는 나를 주어로 하여 나의 생각과 감정 등을 말하는 것으로, '감정 말하기'에도 유사하게 적용되는 방식이다. '감정 말하기'는 'I 메시지'의 방식으로 감정을 말하면서, 감정을 느끼는 원인을 간략히 덧붙이는 것이다.

바람직한 화 표현법(효과적 자기주장 연습)

1. '나 진술법'을 이용하여 상황에 따른 감정을 표현한다. 예를 들면, "... 때문에, 나는 화가 났다." 이런 식으로 표현한다. 이때, 비난하는 말은 피하도록 한다. '너 때문에, 항상, 매번, 절대로' 이런 말들은 비난을 의미하기가 쉬우므로 피하는 것이 좋다.

2. 말하는 사람의 바람이나 요청을 구체적으로 덧붙인다. 예를 들면, "그래서 ...해 줬으면 좋겠다."라는 말을 하면 분명한 의사소통이 되어 오해를 피할 수 있어 좋다.

3. 목소리는 단호하게 하고, 시선을 피하지 않는다. 화가 나면 톤이 높아지고, 고함을 치게 되어 제대로 말하기 어려운 경우가 있다. 심호흡을 하고 천천히 단호하게 말하면, 고함치며 말하는 것보다 더 내 감정을 잘 전달할 수 있다.

4. 내 말을 다 하고 나면, 듣는 사람이 알아들었는지 확인하고, 듣는 사람의 의견을 듣는다. 감정이 올라왔을 때는 서로 말하기가 어려울 수 있으므로, 상대가 의견을 말할 때까지 기다려 주면 좋다.

(출처: I message 인용)

바람직하게 화를 표현하는 방법을 좀 더 구체적으로 살펴보면 다음과 같다.

첫째, 화를 단호하고 효율적으로 표현하는 것이다. 화를 표현할 때 길게 말하고 잔소리하는 것은 에너지는 많이 쓰이는 반면 비효율적인 방법이다. 보다 짧고 명확하게 말하는 것이 훨씬 잘 전달이 된다.

둘째, 분노감정이 격한 상태에서는 감정을 좀 가라앉히고 말하는 것이 좋다. 감정이 격할 때는 아이들의 사소한 잘못이나 작은 의견 차이에도 심하게 화를 낼 수 있다. 따라서 격노한 상태에서 바로 분노를 표현하기보다는 "지금 화가 많이 났다. 조금 있다 얘기할 테니 잠시 기다려." 등으로 심호흡과 함께 화를 가라앉힐 시간을 갖고 대화를 진행하는 것도 방법이다. 자녀 입장에서 부모가 화내며 한 말은 거의 기억나지 않고 훈육에 도움이 되지 않기 때문이다.

셋째, 문제가 되는 상황에 대해서만 말하고 사람을 공격하지 않는 것이다. 지금 대화 중인 한 가지 문제에 관해서만 말하고 내용을 확대하거나 사람 자체를 모욕하거나 수치심을 주지 말아야 한다. 그런 식의 분노 표현은 상황을 더 악화시킬 수 있다.

넷째, 요청하는 바를 구체적으로 덧붙이는 것이다. 부모나 화를 내는 건 자녀의 행동수정을 위한 경우가 많다. 그런데 자녀는 부모가 화가 난 건 알지만, 순간 어떻게 해야 할지 모를 수 있으므로 바람직한 행동을 제시하면 이 경험을 통해 배우고 실천할 수 있다.

바람직한 화 표현 예

자녀가 학원에 결석했다는 전화를 받고 화가 난 부모의 반응

부모: 오늘 학원에서 전화 왔어. 네가 오늘 결석했다고 하더라.
자녀: ...
부모: 말도 없이 그렇게 결석을 하다니 엄마가 너무 실망스럽네...
자녀: 죄송해요. 사실은... 학원 수업이 지루해요.
부모: 그랬구나... 솔직히 말해주어 고마워. 다음부터는 엄마한테 미리 이야기를 해주면 좋겠네. 그럼 어떻게 하면 좋을까?
자녀: 좀 더 다녀보면서 생각해볼게요.
부모: 그래. 네 생각이 정리되면 함께 의논해보자.

4 감정 말하고 기다리기

심정대화 중 말하기의 마지막 기술은 감정을 말하고 기다리기(waiting patiently)이다. 말을 하고 난 후 소통이 되고 변화하는 데는 시간이 필요하다. 음식을 먹고 에너지로 전환되기 위해서는 일정한 시간이 필요하듯이 상대방의 말을 알아듣고, 수용하고, 변화하는 데는 일정한 시간이 필요하다. 말하는 사람은 말을 한 후 듣는 사람이 적절한 반응과 변화를 보일 때까지 인내심을 갖고 기다릴 필요가 있다. 어릴 적 엄마가 텔레비전을 보고 놀고 있는데, 방에 들어가서 공부하라고 하면, 평소에 들어가려 했던 것

보다 더 천천히 들어간 기억이 있을 것이다. 엄마의 걱정과 화난 마음이 전해지기까지 시간이 걸리고, 행동 변화까지는 더 시간이 걸리기 때문이다. '말하기' 기술로 감정을 잘 전달해도 듣는 사람이 말하는 사람의 감정을 수용하고, 변화가 생기기까지는 시간이 필요하다. 그래서 말하기 기술의 마지막 핵심은 '말하고 기다리기'이다(노미애, 2015).

5 심정대화의 '말하기'의 전제 조건

사람들은 소통을 원한다. 한의학에 의하면, 불통즉통(不通則痛)이라는 말이 있다(이재성, 2014). 이는 비단 몸에만 국한된 것이 아니라 사람 간의 소통에도 적용할 수 있는데 즉 소통하지 않으면 고통이 온다. 사람들은 그만큼 소통을 원한다(한성열, 2021). 사람들은 심정(心情, 마음속 감정)을 언어를 통해 나누는 것을 원하고 그럴 때 마음속 부정적 감정이 풀리고 관계가 좋아진다. 최근 연구들에서도 감정을 표현하고 해소할 때, 스트레스가 감소한다고 보고되고 있다(Pennebaker, 2012).[9] 하지만 일상대화에서 감정을 말하는 것이 생각보다 쉽지 않다. 대체로 사람들이 감정을 표현하는 것에 어떤 어려움을 느끼는지 살펴보기로 하자.

첫째, 감정을 표현하는 것은 나약하거나 어른스럽지 못한 것이 아니다. 가슴이 연결되기 위해서는 자신의 감정을 솔직히 인정하고 말할 수 있어야 하고, 감정을 진솔하게 말하는 것은 용기 있는 일이다.

둘째, 진솔한 감정은 타인에게 전달될 수 있다는 믿음이 필요하다. 상처를 받을지도 모른다는 두려움 때문에 감정을 말하지 않는다면 진정한 소통을 경험할 기회 자체를 잃고 피상적인 대화로 그칠 수 있다(연문희, 2004). 마음이 전달될 수 있다는 믿음을 갖고 용기를 내어 감정을 말하면 생각보다 쉽게 소통이 되기도 한다. 사람들은 진실하게 자신의 감정을 드러내 보이는 사람에게 자신의 속마음을 드러내고, 마음이 소통될 때 행동 변화로 이어진다.

셋째, 내 심정을 말하기는 하지만, 받아달라고 강요하지 않는 자세가 필요하다. 심

9) Pennebaker(2012)의 연구에 의하면, 부정적 감정을 말이나 글을 통해 노출하는 순간 감정이 명료화되면서 자기이해가 높아져 스트레스가 감소한다고 보고하였다.

정대화를 할 때 상대가 내 말을 듣고 행동을 고치고 나를 받아들여야 한다고 생각한다면, 상대가 내 말을 들어주지 않고 변화하지 않을 때 화가 나거나 상처가 되기도 한다. 내가 내 마음을 말할 자유는 있지만, 말을 듣거나 행동을 고치는 것은 듣는 사람의 자유임을 기억할 필요가 있다(유동수, 2000).

Ⅲ 부모의 '말하기' 기술

1 부모의 네 가지 유형

부모가 자녀에게 반응하는 4가지 유형을 구체적으로 살펴보고 바람직한 부모의 반응방식을 알아보기로 하자(Gottman, 1997).

1) 축소 전환형

자녀의 부정적 감정에 무관심하거나 무시하며 대수롭지 않게 여긴다. 자녀의 감정 자체에 초점을 맞추기보다 감정을 잊기 위해 필요한 것이 무엇인지에 대해 초점을 맞춘다. 그 결과 자녀는 자신의 감정이 부적절하며 옳지 않다고 느끼게 되고 감정조절이 어려워진다.

예) - 학교에 안 가겠다고 버티는 자녀에게: "도대체 왜 안 가겠다는 거니? 어이없네."
- 불편한 감정에 관심을 주면 더 해로워질까 봐 걱정함: "오늘 기분이 안 좋아 보이네"라고 묻지 않음.
- 마음의 문제에 대하여 대화하지 않음: "친구가 괴롭혔어요."라고 말하는 자녀에게 "몰라서 그랬을 거야."로 답함.

2) 억압형 부모

자녀가 부정적인 감정을 드러내는 것을 비판하고, 감정 표현을 했다는 이유로 꾸짖고 벌을 주기도 한다. 감정을 이해하려 하기보다 감정과 관련된 행동에 초점을 맞춘다. 자녀는 더 부정적인 태도를 보이거나 권위에 대해 복종하게 된다.

예) "네가 고집부리는 데 질렸어. 말 안 들으면 혼날 줄 알아."
"네가 화내면서 우는 건 속셈이 있는 거야. 관심을 사려고 하는 거지."

3) 방임형 부모

자녀의 감정을 인정하고 공감하지만 아이에게 한계를 제시하지 못한다. 자녀가 스스로 진정하고 위로하는 법을 배우지 못하고 친구 관계를 잘 맺기 어려울 수 있다.

예) "그래 그럴 수 있지. 학교 가기 싫은 것은 당연해."

4) 감정 코치형

자녀에 대한 깊은 애정과 공감에 뿌리를 두고 감정을 인식하고 문제를 해결하기 위한 구체적인 행동을 모색한다. 감정은 받아들이지만 부적절한 행동은 제한하고, 감정조절 방법과 적절한 분출구를 찾고, 문제해결 방법을 가르친다. 자녀 스스로 자신의 감정을 조절하고 문제를 해결하기 위해 노력한다.

예) "실망하는 것은 당연해. 이 경험을 통해 무엇을 배울 수 있을까?"

2 사춘기 부모자녀의 효과적인 의사소통 기술

대화란 서로의 생각을 존중하고 자신의 생각을 표현하는 기회를 보장하는 과정이다. 대화를 통해 자신이 선택해야 할 것에 대해 더 많이 생각하고 심사숙고하는 삶을 살게 될 가능성이 높아진다. 다음은 부모가 자녀와 효과적으로 대화하기 위한 방법이다(박미지, 2022).

1) 질문형 대화

명령형에서 의문형으로 대화의 주도권을 부모가 아닌 자녀가 갖도록 하고 부모가 자녀의 의견을 존중한다는 메시지를 전달한다. 이를 통해 자녀가 자기 생각의 주인으로 스스로 책임 있게 결정할 수 있고 성장할 수 있다.

예) 명령형: "너는 그런 문제 신경 쓰지 말고 공부나 해."
"쓸데없는 참견 말고 네 할 일이나 해!"

질문형: "어떻게 하면 좋을까?"
"너는 어떻게 생각해?"
"그렇게 말해줘서 고마워. 엄마가 뭐 도울 일이 있을까?"

2) 직면하는 대화

청소년은 감정 기복이 심하고 자기중심적으로 생각하는 경향이 있기 때문에 다른 사람의 태도에 예민하게 반응한다. 그러므로 가능한 존중하고 친절한 태도로 자신이 소중한 존재라는 사실을 느낄 수 있도록 돕는 것이 중요하다. 이러한 과정을 통해 자녀는 좀 더 마음을 열고 솔직하게 자신의 마음을 표현할 수 있는 기본적 신뢰를 형성할 수 있게 된다.

예) 자녀: "학교 가기 싫어요."

A부모: "뭐라고? 그걸 말이라고 해?"

B부모: "그 정도로 학교생활이 힘들었던 거야?"
"미안해. 그렇게 힘든 줄은 몰랐네. 어떻게 하면 좋을지 이야기해보자."

3) 행동과 사실 중심 대화

자녀의 태도를 비난하거나 평소에 누적된 불만을 쏟아내기보다 문제를 통해 알게 된 사실과 부모의 심정에만 초점을 맞추어 대화하는 것이다. 자녀와 자녀의 행동을 구분해서 문제 행동을 객관적으로 바라보고, 부모의 걱정하는 마음을 전하는 대화법이다. 사춘기 자녀는 다그치거나 취조하듯이 말하기보다 담담하게 사실 중심의 대화로 이끌어 자녀가 당당하게 자신을 표현하고 경험할 수 있도록 돕는 것이 중요하다.

예) 늦게 들어온 자녀에게

A부모: "지금이 몇 시냐?"
"잘한다. 시험이 코앞인데..."

B부모: "많이 늦었네... 전화도 없이 늦어서 걱정했단다."
"늦으면 꼭 문자라도 해줘."

4) 태도보다 말의 내용에 집중하기

사춘기 자녀를 혼란과 저항의 시기로 대하면서 자녀를 통제하고 훈육하려고 하면 부모자녀 관계가 더욱 악화될 수 있다. 청소년은 사춘기가 되면서 자기주장을 하고 부모의 의견에 도전하게 되는데 이는 자아가 형성되기 위한 성장과 도약의 시기로 그 어느 때보다 부모의 지지와 격려가 필요하다. 청소년은 복장이나 태도에 대해 지적받으면 간섭으로 받아들여 대화하기가 힘들어질 수 있고 말대답을 하기 시작하는

데 이때 부모는 가능한 짧게 훈계하고 자녀의 태도를 부모에 대한 반항이 아닌 기분을 전환하고 회복하려는 의도로 받아들이고 즐거움을 모색하도록 한다.

예) 반항적인 태도를 보이는 자녀에게

A부모: "네가 혼자 큰 거 아니다."
"다 크려면 아직 멀었다."
"어디서 유세를 부리냐?"

B부모: "이렇게 건강하게 자라주어 고맙다."
"사춘기 맞아, 많이 컸네."
"이렇게 네 의견을 말하는 것을 보니 대견하네."

사춘기 청소년은 독립을 추구하며 자기 주도로 인생을 살아가기 위한 준비를 하는 시기이다. 사실 청소년은 이제 막 아동기를 지나 여전히 부모나 보호자의 도움이 필요하지만 독립적으로 문제를 해결할 수 있다고 여기며 허세를 부리거나 잘난 척을 하기도 한다. 하지만 인지적으로 아직 서툴기 때문에 언어로 자신의 마음을 제대로 표현하거나 전달하기 어려워 반항적인 태도로 여겨질 수 있으므로, 부모는 자녀가 필요할 때 언제든지 지원하고 도움을 주기 위해 마음의 문을 열고 기다려 주는 것이 중요하다. 다음은 사춘기 자녀에게 부모가 대화할 때 주의해야 할 사항이다.

가. 거절의 언어(No)보다는 수용의 언어(Yes)를 사용한다.

사람들의 대화 패턴을 관찰해 보면, 습관적으로 '아니, 아니요, No' 등의 거절의 언어를 사용하는 사람들이 있다. 장기간 습관적으로 거절의 언어를 사용하면 관계에 악영향을 줄 수 있다. 심리학자 에릭 번(Eric Berne)에 의하면 의사소통 중 듣는 사람에게 습관적으로 거절의 언어(You are not OK)를 사용하여 말하는 사람은 무의식적으로 상대에게 '너를 신뢰하지 않는다', '너를 지배하겠다', '너를 받아들이지 않겠다'는 메시지를 전달하고 있다고 한다(Berne, 2011). 이런 메시지와 대화법은 듣는 사람을 분노하게 하고, 때론 폭력적이 되게 하며, 감정이 없는 사람처럼 대하게 되는 결과를 가져와 비인간화하게 한다.

언어는 사람의 성품을 드러낸다. 수용하는 말인 '응, 네, 그래, 그럼, OK, Yes' 등의 말은 무의식적으로 '너를 존중한다' '너를 소중히 여긴다'는 메시지를 전달한다. 지금까지 대화에서 거절의 언어를 사용하고 있었음을 알아차렸다면 관계 개선을 위해서는 수용의 언어로 바꿀 필요가 있다. 대화할 때, 내용에 초점을 맞추기보다는 속뜻과 전체적 의도 그리고 그 속에 담긴 마음에 집중하여 대화하면 수용의 언어로 바꾸기가 수월하다.

나. 한계를 설정하고, 자율성을 존중하는 방식으로 말한다.

청소년은 어른처럼 보이나 아직 성장 중이기에 실수하고 잘못할 수 있다. 이럴 때 필요한 '단호하고 부드러운 한계 설정의 가르침'을 통해 최소한의 지시로 한계를 설정하고 자율성을 존중하되, 잘못할 때는 분노하지 않고 다시 또 한계를 가르쳐 주는 관용의 자세가 도움이 된다.

다. 사소한 건 모른 척한다.

부모와 자녀 사이에서 지나치게 훈계에 집착하면서 사소한 생활 습관을 고치려다 자녀와의 친밀한 관계를 잃을 수도 있다. 자녀를 가르치고 돌보는 일은 많은 사소한 작은 사건이 끊임없이 발생한다. 그럴 때마다 지나치게 잔소리하며 언어적으로 개입하면 청소년들은 저항하고 분노할 수 있다. 특히 청소년은 심리적 독립을 하려는 자아 정체성 확립의 시기이기에 이런 특성이 매우 크다. 사소한 건 모른 척하는 게 약이 될 때가 많다. 때론 사소한 것이 쌓여서 큰 문제가 될 수도 있으니 사소한 것들 돌보기를 전혀 하지 않는 것이 아니라, 알지만 모른 척하고 지켜보는 것이 좋다. 작은 사건들은 자녀 스스로 해결하도록 기다려 주는 것을 통해 자립심과 문제해결력을 기를 수 있다.

Ⅳ 부모자녀 의사소통 시 주의할 점

심정대화를 할 때 긍정적 언어 상호작용을 하는 것보다, 부정적 언어 상호작용을 피하는 것이 훨씬 중요하다. 부정적 언어 상호작용의 여파가 훨씬 즉각적이고 크기 때문이다(김옥 외, 2020). 부모는 분노를 슬기롭게 표현하는 것이 중요한데, 분노로 인해 공격적이고, 폭력적인 말을 하는 경우 자녀와의 관계가 불편해질 뿐만 아니라 심하면 말을 듣지 않아 훈계 자체가 어려워지기 때문이다(Aspy & Roebuck, 1977).

자녀와의 관계에서 피해야 할 말들은 다양한데, 그중에서도 관계를 악화시키고 단절시키는 상호작용을 피하는 것이 중요하다. Gottman(1999)은 단기종단 연구를 통해, 부부의 언어적 비언어적 대화 내용을 관찰하고 인터뷰하여 관계 단절로 가는 4단계의 대화법을 찾아내었는데, 이것은 부모자녀 대화에도 큰 시사점이 있다. 그의 연구에 의하면 이런 패턴으로 대화를 하면 94%의 정확도로 3년 이내 이혼 여부를 예측할 수 있다고 보고했다. 이러한 역기능적 의사소통을 '관계 단절로 가는 신비의 4단계 대화법'이라 하는데, 이런 패턴의 대화는 대부분의 친밀한 관계를 단절시키므로 가능한 피하는 것이 좋다(이남옥, 2005). 구체적 내용은 다음과 같다.

관계 단절로 가는 대화 방식

1. 비판(ciriticism)
- '너는 항상 ...이 문제야' 등으로 나타나며 상대의 행동을 지적하고 성격이나 능력에 대한 비난과 비판을 한다.

2. 경멸(contempt)
- 상대방을 비하하고, 모욕감을 주거나 비꼬는 말 등을 하는 것이다. '너는 멍청하다.', '너 따위가 이런 걸 어떻게 하겠니?' 등의 말이나 코웃음을 치는 행동 등도 이에 해당한다.

3. 방어(defensive)

- 자신의 책임을 부인하거나 변명하거나 전가하는 말이다. '그래, 하지만...', '그럴 수도 있지, 하지만 그게 무슨 문제인데?' 등의 말로 자신의 행동을 합리화하고 반대 비판을 하는 것이다.

4. 벽 쌓기(stonewalling)

- 대화 단절, 회피, 거부적 태도, 표정, 몸짓 등을 나타내며 침묵하는 것이다.

(출처: Gottman & Levenson, 1999에서 요약 인용)

부모는 자녀와 좋은 상호작용을 하고 원활한 의사소통을 통해 친밀하기를 원한다. 그러나 의사소통 중 위의 대화와 같은 프로세스가 반복되면 의도와 달리 관계는 단절되고 소통이 어려워질 수 있다. 따라서 자녀와의 대화를 스스로 관찰하고 위와 같은 대화방식을 가급적 자제하면 관계증진과 의사소통에 도움이 될 수 있다. 구체적으로 부모가 자녀에게 피해야 할 말의 예를 살펴보면 다음과 같다.

부모가 자녀에게 절대로 해서는 안 되는 말 예시

다음 예시는 자녀가 숙제를 반복적으로 하지 않아 화가 난 부모의 반응이다.

성격 비난: 너는 게을러빠진 게 문제야.
능력 비난: 멍청해 가지고, 이런 것도 못하니?
경멸: 게을러빠져서, 그래서 나중에 뭐 될래?
명령, 지배: 이번에도 하라는 대로 안 했으니, (벌로) 이번 주엔 용돈 없다.
분석: 이번에는 뭐라 변명할 거니? 난 니가 숙제 안 하는 이유를 알아.
게을러터져서 그렇지.
조롱: 너 그딴 식으로 계속해 봐라. 나중에 어떻게 되나.
파멸 예언: 게을러빠져서, 앞으로 니가 어떻게 될지는 니가 더 잘 알 거야.

부모는 자녀에게 화가 나거나 실망할 때 모욕을 주지 않고 분노를 표현하는 기술을 익힐 필요가 있다. 앞에서 설명한 바와 같이 분노에 찬 상태에서는 폭력적으로 되기 쉽고, 훈육하고자 한 좋은 의도와는 달리 무의식적으로 폭력을 가르치는 셈이 될 수도 있기 때문이다. 위의 예시 상황을 살펴보면 부모가 화가 많이 났음을 알 수 있다. 사실 부모는 자녀가 숙제를 안 하면 자녀의 미래가 걱정되면서 그 두려움을 자녀에 대한 화로 표현할 수 있다. 이때 부모는 차분히 자신의 불안한 마음을 알아차리고 자녀가 그런 행동을 하는 원인을 살펴보는 것이 문제해결에 도움이 된다. 비록 부모의 눈에는 자녀가 게을러 보이고 한심해 보일지라도, 기질 자체가 느리거나, 학습 장애가 있거나, 친구 관계 문제 등 자녀가 학업에 집중할 수 없는 뭔가 다른 사정이 있을 수 있다. 그러므로 차분하게 분노를 가라앉히고 자녀에게 "숙제를 계속 안 하는구나. 무슨 사정이 있는 거니?" 등의 말과 함께 문제 행동의 원인을 찾아보는 것이 도움이 될 수 있다. 또는, 심정대화의 '말하기 기술'을 사용하여 대화를 시도할 수 있다. "네가 계속 숙제를 안 하니 (엄마/아빠가) 걱정이 되는구나."라고 말하는 것을 통해, 부모 자신의 걱정스러운 마음을 표현하면 문제 상황을 소통의 기회로 전환하고 나아가 문제해결에 도움이 될 수 있다.

사춘기 자녀는 감정의 기복이 심하고 자기중심적으로 세상을 생각하는 경향 때문에 타인의 반응에 예민하다. 그러므로 자신의 존재 자체로 환대 받는 경험을 통해 자존감이 높아지고 부모자녀의 기본 신뢰가 형성된다. 자녀의 성과를 확인하는 건조한 말(뭘 배웠니?, 시험 잘 봤니? 등)보다는 일상에서 '어서 와', '고마워', '사랑해' 등 자녀에게 직접적으로 애정을 표현하는 대화는 부모자녀 간의 유대감을 높일 수 있다(박미자, 2022). 겉으로는 쑥스러워하며 무뚝뚝한 반응을 보일 수 있지만, 사춘기 자녀는 몸은 어른이어도 마음은 아직 따뜻하고 친절한 반응을 여전히 그리워한다.

V 소통하는 대화의 실례(실습용 사례)

※ 실습 시 밑줄 그은 부분에 적당한 말을 넣어 본다.

심정대화 의사소통의 가상사례 실습

대상자: 중학교 2학년 남학생
문제 행동: 등교 거부, 흡연, 친구 관계
아침 등교 시간에 자녀가 학교에 가기 싫다며 엄마에게 일방적으로 통보하고 짜증 내는 상황

자녀1: 학교 가기 싫어요. (고개를 떨구며)
엄마1: 학교에 가기 싫어? (놀라면서 걱정하는 태도로)
학교에서 무슨 일이 있었니? <질문형>

자녀2: (잠시 침묵) ...재미도 없고 모든 게 시시해요. (시무룩하게)
엄마2: 학교생활이 재미없게 느껴지나 보네... <감정 반영>
(눈 맞춤을 하며 따뜻한 목소리로) 어떤 점이 재미없고 시시하게 느껴지는 거야? <명료화>

자녀3: 매일 똑같아... 친구도 싫고 선생님도 싫고... (혼잣말처럼 작은 목소리로)
엄마3: (잠시 침묵) 에유... 미안해…. 그렇게 힘든 줄은 몰랐구나…. <공감>
(진심으로 궁금해하는 태도로 조심스럽게) 무슨 일인지 말해 줄 수 있어? <질문형>

자녀4: 말하고 싶지 않아요. (입을 꾹 다물며)
엄마4: (자녀의 힘든 마음을 함께 느껴보며)
어떻게 하면 좋을지 우선 이야기부터 좀 해보자. <직면>

자녀5: 짜증 나! 어쩌라구요? (갑자기 소리지르며)
엄마5: (잠시 감정이 가라앉기를 기다린 후)
너를 혼내려는 게 아니야. 너를 돕고 싶어서 그래. (진정성을 전하며 어깨를 토닥임) 엄마랑 함께 알아보자. (자녀가 혼자가 아님을 환기시킴)

자녀6: (다소 억울한 말투로) 선생님이면 대수인가... (혼잣말)

엄마6: 할 말이 있어 보이는구나. (경청하는 태도로)
선생님하고 무슨 일이 있었는지 말해 보렴. <명료화>

자녀7: (조금 가라앉은 목소리로) 아 짜증 나... 선생님이 나한테만 뭐라 그러잖아요.

엄마7: 선생님이 너한테만 뭐라 하셔서 짜증 난 거야? <재진술>

자녀8: 억울해요. (잠시 생각한 후) ...함께 놀다가 장난친 건데...

엄마8: 네 입장에서는 장난이었는데 너만 뭐라고 하셔서 억울했구나. <타당화>
친구에게 어떻게 장난쳤는데? <명료화>

자녀9: 친구 별명을 불렀는데... 친구가 막 화를 내서... 선생님한테 혼났어요.

엄마9: 너는 장난으로 친구 별명을 부른 건데... 몰라주니 선생님도 싫고 친구도 싫고...
그래서 학교도 가기 싫고 그랬나 보네... <타당화, 요약, 감정 반영>

자녀10: 맞아요. 난 장난이었다구요! ...일부러 놀리려고 한 것이 아니라구요!
(이해받은 느낌으로)

엄마10: 그래... 친구를 놀리려던 것은 아니었는데 친구가 화를 내서 너도 당황스러웠겠네.
<재진술, 감정 반영>
음... (잠시 기다려주면서) 넌 장난이라고 해도 친구가 기분 나빴다면 어떻게 하면 좋을까?

자녀11: (잠시 생각한 후) ...뭐 어쨌든 내가 잘못한 거니까 친구한테 사과할게요. (차분한 목소리로)

엄마11: 그렇게 말해주니 정말 기특하네. 우리 00가 정말 다 컸구나. (등을 토닥이며) 친구에게 나의 잘못을 인정하고 사과하는 일이 쉽지 않을 텐데... 엄마가 안심이 된다.
<감정코칭> 그러면 선생님하고는 어떻게 하면 좋을까? <직면>

자녀12: 사실... (머뭇거리며 작은 목소리로) ...지난번에 친구들이랑 담배 피우다가 선생님께 걸렸어요. (엄마의 눈치를 살피지만 용기를 내서 솔직하게) 그냥 호기심으로 처음 펴 본 거였는데...

엄마12: 그랬구나…. (잠시 침묵. 놀라고 실망스러운 마음을 추스르고) 그래서 선생님이 더 심하게 혼낸다고 느꼈나 보네. <타당화> 자꾸 혼나게 되니 학교 가기도 싫어지고... <명료화> (부모로서 걱정되고 놀란 마음을 솔직하게) 하지만 담배는 엄마도 걱정스럽구나. <심정표현>
(단호하게) 호기심이라고 하지만 청소년이 담배를 피우는 것에 대해 어떻게 생각하니? <직면>

자녀13: (엄마의 반응을 수용하며) 몸에 안 좋다는 것은 저도 알아요. 계속 피우겠다는 것이 아니라 단지 궁금했을 뿐이에요. (안심시키려는 마음을 표현함)
엄마13: 그렇게 말해주니 마음이 놓이네. 그래도 처음에 호기심이었다가 계속 피우게 될까 봐 걱정스러워. <심정표현>

자녀14: (약간 귀찮은 듯이) 제가 알아서 해요.
엄마14: (눈 맞춤을 하며 존중하는 태도로) 알아서 어떻게 할 생각인데? <명료화, 질문>

자녀15: (스스로 결심하듯이) 안 피운다고요.
엄마15: (믿어주는 마음으로) 그렇게 말해주니 안심이 된다. 네 몸에 안 좋은 것은 스스로 금할 수 있으면 좋겠네. <부탁, 존중> 네 몸은 소중하니까.

자녀16: 알아서 한다고요. (엄마의 걱정이 잔소리로 느껴지는듯함)
엄마16: 그래…. 네 말을 믿을게. (차분하게 감정을 조율하며)
혹시 엄마 도움이 필요하면 언제든지 알려주렴. <다가가기>
학교 가기 싫을 정도로 억울한 마음이 컸을 텐데 이렇게 친구한테 사과도 하고 담배도 더 이상 안 피운다고 하니 정말 안심이 된다. <요약, 심정표현>

자녀17: (감정이 한결 수그러진 모습으로) 죄송해요... 제가 너무 화가 나서 심하게 말했어요.
엄마17: 그래 우리 00가 친구들하고 잘 지내고 선생님께 칭찬도 받고 싶었을 텐데… <감정 반영> 친구가 화내고 선생님이 지나치게 혼내시는 것 같으면 억울한 마음이 들만하지. <타당화> 그래도 잘못된 행동을 솔직하게 인정하고 반성하는 모습이 대견하네. <강점 명료화>

자녀18: 앞으로 조심할게요.
엄마18: 그래... 사랑한다. (꼭 안아주며)

갑자기 학교를 안 가겠다고 하는 자녀의 말에 부모의 마음은 답답하고 철렁해질 것이다. 그럼에도 불구하고 차분히 자녀의 마음에 다가가기 위해 애쓰는 부모의 자세는 저절로 만들어지는 것이 아니다. 위와 같이 자녀의 힘든 마음에 먼저 초점을 맞추고 과격하게 자신의 어려움을 표현하는 자녀에게 맞서지 않고 자녀가 마음을 열 때까지 충분히 기다려 주는 것이 중요하다. 청소년 자녀는 실제로 자퇴를 하고 싶은 충분한 이유가 있어 곰곰이 생각하고 신중한 결정을 내리기보다는 대체로 자신의 어려움을 충동적으로 당장 해결하고 싶은 마음에 극단적인 문제해결을 내세울 수 있다. 이때 부모가 등교 거부에 초점을 맞추고 부모 입장에서 잔소리를 하거나 나무라게 되면 자녀가 왜 그런 마음을 먹게 되었는지 마음의 문을 열고 말하기 어려울 수 있다. 하지만 자녀가 과격한 선택지를 내밀 때 일단 동요되지 않고 그렇게까지 하고 싶은 자녀의 마음에 초점을 맞추고 심정을 헤아려 주면 자녀 스스로 자신의 마음을 추스르게 되고 자퇴하고 싶은 마음 이면의 좌절감을 표현할 수 있게 된다.

또한 흡연이라는 청소년기에 호기심으로 접할 수 있는 부적응 행동에 부모는 매우 실망하고 놀랄 수 있다. 순진하다고 여긴 나의 아이가 이런 비행 행동을 할 수 있다는 것에 놀라고, 이젠 마냥 어린아이가 아님을 확인하게 되는 순간이다. 하지만 청소년 누구나 어린아이에서 어른으로 이행하는 과정에서 심신의 불안정을 겪으면서 흡연 이외에도 음주, 성인물 노출 등 부모 입장에서 받아들이기 힘든 부적절한 행동을 표출할 수도 있다. 물론 이러한 행동이 계속 유지되지 않도록 관심과 훈육이 필요하지만 이러한 과도기에서 한두 번은 호기심으로 시도할 수 있다는 것을 염두에 두고 좀 더 느긋하게 바라보는 것이 필요하다. 이 사례에서도 자녀의 자퇴 선언에 이어 흡연 문제가 있었다는 사실을 알게 되면 부모로서 충격을 받고 자녀에게 많이 실망하고 순간적으로 인내심을 잃고 분노할 수 있다. 그럼에도 불구하고 잠시 멈추어 마음을 가라앉히고 자녀의 말을 끝까지 들어 준 부모의 버티어주는 모습이 자녀가 솔직하게 자신의 문제 행동을 밝히고 소통할 수 있었던 중요한 점이라고 할 수 있다.

사실 이 사례를 위의 부모처럼 그대로 적용하고 실천할 수 있는 부모는 그리 많지 않을 것이다. 하지만 가장 중요한 것은 자녀를 믿고 자녀의 마음에 다가가기 위해 노력하면서 부모로서 자녀의 반항적이고 부적절한 태도에 초점을 맞추기보다는 자녀가 솔직하게 마음을 열 때까지 충분히 기다려 주는 것이다. 사실 자녀 자신도 청소년기에 들어서면서 학업과 또래 관계 등 갑자기 부과된 많은 과업들을 잘 처리하고 조절할 수 있는 능력이 부족하고 심신의 불안정으로 인한 강한 충동성과 호기심을 적응적으로 표출하는 데 어려움이 있을 수 있다. 그러므로 이 시기에 겪을 수 있는 미숙하고 부적절한 자녀의 행동과 심정을 안정적으로 받아 준다면 부모는 자녀의 심리적 어려움을 다룰 수 있는 든든한 어른으로서의 역할을 충분히 할 수 있을 것이다. 이러한 부모의 노력은 훗날 자녀가 성인이 되어 사회에서 적절히 기능하고 원만한 관계를 맺는 데 가장 소중한 자원이 될 것이다.

부모가 되는 일은 쉽지 않다. 자녀를 잘 키우고 싶은 마음은 모든 부모가 한마음이겠지만 저절로 좋은 부모가 되는 것도 아니다. 자녀를 키우면서 많은 도전을 받게 되고, 부모로서 좌절감을 느끼며 좌충우돌하면서도 그만하면 괜찮은 부모가 되기 위해 노력하는 것 자체가 의미있는 일일 것이다. 이때 부모 자신이 스스로를 돌보고 마음이 안정되어야 도발적인 자녀에게 안정적으로 반응할 수 있고 지속적으로 관심과 사랑을 전할 수 있다. 그러므로 부모 자신의 평안과 행복은 자녀에게 줄 수 있는 가장 큰 선물이며 부모자녀 간의 원활한 의사소통의 최우선이라고 할 수 있을 것이다.

참고문헌

2021 청소년 통계(통계청) 대한민국 정책브리핑(www.korea.kr) 2020 여성가족부 제4차 가족실태조사

권경인(2018). 엄마가 늘 여기있을게. 서울: 북하우스.

권기덕, 최명숙(2013). Flanders 언어상호작용 분석법을 이용한 초등학교 우수수업과 일반수업의 비교. 아동교육, 22(2), 37－51.

권미경(2011). 양육스트레스 관련 국내 학술지 논문의 연구동향 분석. 가정과삶의질연구, 29(2), 39－50.

고영건(2007). (심리학적인) 연금술. 서울: 시그마프레스.

고영건(2007). 인디언 기우제. 서울: 정신세계원.

김교헌(2004). 한국 청소년의 우울과 자살. 한국심리학회지: 문화 및 사회문제, 10, 55－68.

김미종(2019). 간호학생의 의사소통능력, 자기주장과 자아존중감 및 의사소통능력 영향요인. 인문사회 21, 10(2), 603－617.

김수연(2021). 외상경험 대학생의 정서조절양식과 정서적 자기노출이 외상 후 성장에 미치는 영향. 청소년학연구, 28(11), 145－174.

김영신, 김승희(2022). 학교 밖 후기청소년의 경험과 요구에 관한 질적 사례연구. 한국교육문제연구, 40(3), 1－31.

김영아(2012). 십대라는 이름의 외계인. 서울: 라이스메이커.

김영희, 최보영(2015). 학업중단 청소년의 심리사회적 적응과정. 한국청소년연구, 26(2), 145－175.

김옥, 강은주(2020). 그림책 독서치료가 유아의 자아개념 및 긍정/부정적 언어표현에 미치는 영향. 독서치료연구, 12(1), 43-70.
김정민(2008). 사회불안장애 청소년을 위한 인지행동치료와 인지행동치료·주의훈련의 효과 비교. 한국심리학회지: 상담 및 심리치료, 20(2), 243-267.
김주환(2011). 회복탄력성. 서울: 위즈덤하우스.
김주환(2013). Grit. 서울: 쌤앤파커스.
김주환(2023). 내면소통. 서울: 인플루엔셜.
나철(1992). 가면성 우울증. 醫藥情報, 4, 136-137.
노미애(2012). 14살 마음의 지도. 서울: 북멘토.
노미애(2016). 내 편이 되어줄래?. 서울: 교보문고.
노은숙, 부성숙(2012). 유아교사의 정서지능이 의사소통능력에 미치는 영향. 교육과학연구, 43(4), 113-135.
도종환(2007). 사람의 마을에 꽃이 진다. 경기도: 문학동네.
문정우(2012. 01. 25.). 10대는 왜 괴물처럼 변하곤 할까?. 시사IN. https://www.sisain.co.kr/news/articleView.html?idxno=12108 에서 검색.
박대권, 박창범, 김영식, 배준용(2013). 경쟁적 체육활동에서 나타나는 부정적 언어의 영향-학생들의 경험에 대한 근거 이론 및 정신의학적 접근. 통합교육과정연구, 7(2), 85-108.
박미자(2022). 사춘기, 기적을 부르는 대화법. 서울: 북멘토.
박성미(2007). 청소년의 자아정체감 확립. 지역사회, 겨울호, 84-88.
박소연, 김한별(2012). 대학생의 저널쓰기를 통한 자아성찰 과정에서의 자아정체감 형성 경험분석. 교양교육연구, 6(1), 153-178.
박아청(2006). 청소년, 청년의 정체성과 정신건강. 한국사회과학연구, 25(2), 221-237.
박영신, 김의철, 정갑순(2004). 한국 청소년의 부모자녀 관계와 성취에 대한 종단연구: 자기효능감과 성취동기를 중심으로. 한국심리학회지: 문화 및 사회문제, 10(3), 37-59.
박우철(2009). 청소년의 체질량지수, 자존감, 가족의 신체비판 및 미디어노출이 신체상에 미치는 영향. 연세대학교 석사학위 청구논문.
박진원, 권도하(2009). 학령기 말더듬아동의 심리적 정서적 의사소통 태도에 관한 연구.

정서 · 행동장애연구, 25(2), 39－56.
성수나(2021). 다문화청소년의 자아정체성에 영향을 미치는 심리적 지원방안에 관한 연구. 지식융합연구, 4, 51－78.
성윤미, 김정희(2018). 장애통합교사와 일반교사의 정서지능과 의사소통능력이 교사－영유아 상호작용에 미치는 영향. 미래유아교육학회지, 25(2), 235－260.
송현, 이영순(2018). 침투적 반추와 외상 후 성장의 관계에서 정서인식명확성, 정서적 자기노출, 의도적 반추의 매개효과. 재활심리연구, 25(4), 603－622.
신준희, 김영근(2021). 침습적 반추와 외상 후 성장의 관계에서 정서적 자기노출, 정서 조절 및 의도적 반추의 매개효과. 한국심리학회지: 상담 및 심리치료, 33(1), 323－343.
안동현(2009). 청소년 정신건강장애. 대한의사협회지, 52(8), 745－757.
앙투안 드 생택쥐페리(2015). 어린 왕자. 서울: 열린책들.
염문희, 강진령(2009). 학교상담 학생생활지도. 경기도: 양서원.
연문희(2004). 성숙한 부모 유능한 교사. 서울: 양서원.
연문희(2004). (참 만남을 위한) 한 쌍의 대화. 서울: 학지사.
연문희, 강진령(2002). 학교상담. 서울: 양서원.
오제은(2009). (오제은 교수의) 자기 사랑 노트. 서울: 샨티.
유동수(2000). 감수성 훈련. 서울: 학지사.
육성필, 조윤정(2019). 자살위기의 이해와 개입. 서울: 박영story.
윤대혁(2010). 인간관계와 커뮤니케이션. 서울: 탑북스.
이규인(2005). 자기노출 훈련이 자기 효능감, 자기 존중감, 학교생활 적응에 미치는 영향. 충남대학교 석사학위 청구논문.
이경선(2015). 후기청소년의 사회적 히끼꼬모리와 2차 분리－개별화. 연세상담코칭연구, 4, 105－127.
이남옥(2005). 이혼상담. 서울: 서울가정법원상담위원회.
이동훈, 김시형, 이수연, 최수정(2018). 트라우마를 경험한 대학생의 지각된 사회적지지, 정서적 자기노출이 외상 후 성장에 미치는 영향: 스트레스 대처전략의 매개효과를 중심으로. 한국심리학회지 상담 및 심리치료, 30(2), 371－395.

이선미, 천우영(2013). 다문화가정 아동이 지각한 부모－자녀 간의 의사소통유형이 아동의 자아정체성에 미치는 영향. 아동교육, 22(1), 33－54.

이시형(1994). 현대가정의 정신병리. 한국아동학회 학술발표논문집, 43－56.

이영민(2022). 부모마음 상담소. 서울: 공명.

이은희(2011). 대학생의 불안정 애착 및 자아정체성이 진로미결정에 미치는 영향. 한국심리학회지: 건강, 16(2), 401－425.

이은희, 정순옥(2006). 청소년이 지각한 부모의 양육행동 및 친구관계와 우울간의 관계에서 자아정체감의 매개효과: 공변량 구조분석. 한국청소년연구, 17(2), 213－239.

이재성(2014). (대한민국 건강 지킴이 이재성 박사의) 우리 가족은 안녕하십니까. 경기도: 소라주.

이효정(2003). 중학생이 지각한 부모의 양육태도와 자아존중감의 관계. 숙명여자대학교 석사학위 청구논문.

장영숙, 정진경(2012). 자기표현활동이 유아의 자아존중감과 조망수용능력에 미치는 영향. 교육종합연구, 10(1), 173－194.

장희선(2017). 영유아교사의 정서지능과 의사소통능력이 행복감에 미치는 영향. 열린유아교육연구, 22(1), 303－324.

장휘숙(2002). 청년후기의 부모에 대한 애착, 분리－개별화 및 심리사회적 적응, 한국심리학회지: 발달, 15(1), 101.

정경숙, 오은주(2022). 고등학생의 지각된 스트레스와 충동성이 일탈행위에 미치는 영향. 한국산학기술학회논문지, 23(6).

정순례, 양미진, 손재환(2010). 청소년 상담 이론과 실제. 서울: 학지사.

정옥분(2006). 발달심리학: 전생애 인간 발달. 서울: 학지사.

정태연, 최상진, 김효창(2002). 아동과 어른 그리고 청소년에 대한 사회적 표상: 성격적, 관계적 및 과업적 특성을 중심으로. 한국심리학회지: 문화 및 사회문제, 8(2), 51－76.

정희준(2011. 10. 30.). 자살 중학생 “아이팟을 함께 묻어주세요”. 경향신문. https://www.khan.co.kr/article/201110302108075 에서 검색.

조경미(2019). 초등학생의 자기표현 집단미술치료가 자아존중감 및 대인관계 스트레스에 미치는 효과. Doctoral dissertation, 한양대학교.

조윤경(2019). 대학 수업에서 교수자의 자기주장성에 관한 연구: 명료성 · 친근성 및 학생참여 · 학습효과와의 관계를 중심으로. 한국교육, 46(3), 153－179.

조윤경(2021). 왜 아이가 문제라고 생각했을까. 서울: 비타북스.

최상진(2000). 한국인 심리학. 서울: 중앙대학교 출판부.

최상진, 김기범(1999). 한국인의 심정심리: 심정의 성격, 발생과정, 교류양식 및 형태. 한국심리학회지: 일반, 18(1), 1－16.

최상진, 김정운(1998). “Shim－Cheong” psychology as a cultural psychological approach to collective meaning construction. 한국심리학회지: 사회 및 성격, 12(2), 79－96.

최혜경(2012). 청소년기의 여가활동, 자아 정체성, 삶의 만족도의 관계. 세종대학교 석사학위 청구논문.

한국심리학회(1997). 현대심리학의 이해. 서울: 학문사.

한석환(2015). 아리스토텔레스 수사학 연구. 경기도: 서광사.

한성열(2021). 이제는 나로 살아야 한다. 경기도: 21세기북스(북이십일).

한성열, 한민, 이누미야 요시유키, 심경섭(2015). 문화심리학: 동양인, 서양인, 한국인의 마음. 서울: 학지사.

한숙종, 방명애, 권보미(2018). 자기표현 훈련 프로그램이 품행장애 위험 고등학생의 자아존중감과 대인관계에 미치는 영향. 정서 · 행동장애연구, 34(1), 177－196.

한세영(2005). 청소년 자아정체감 발달의 최근 국내연구동향과 전망. 생활과학연구논총, 9(1), 31－43.

홍세희, 박민선, 김민정(2007). 인터넷 중독과 부모와의 의사소통 사이의 회귀교차지연 효과검증. 교육심리연구, 제21권, 1호.

Adams, K. S., & Christenson, S. L. (2000). Trust and the family-school relationship examination of parent-teacher differences in elementary and secondary grades. Journal of school psychology, 38(5), 477－497.

Alberts, A., Elkind, D., & Ginsberg, S. (2007). The personal fable and risk－taking in early adolescence. Journal of youth and adolescence, 36(1), 71−76.

Allen, J. P., & Bell, K. L. (1995). Attachment and communication with aprents and peer in adolescence. Child Development, Indianapolis.

Allen, J. P., & Kupermine, G. P. (1995). Adolescent attachment, social cometence, and problematic behavior, Child Development, Indianapolis.

Amelia Hill(2010). Red Cross Study Reveals Problems with Reenagers and Drink, Guardian.

Anthony Fiore & Clifford Swenson(1977). Analysis of Love Relationships in Functional and Dysfunctional Marriage, Psychological Reports(pp. 707−704).

Aspy, D., & Roebuck, F. (1977). Kids don't learn fran people they don't like. Massachusetts: Human Resource Development Press.

Banich, M. T., & Compton, R. J. (2018). Cognitive neuroscience. Cambridge University Press.

Barrett, L. F. (2017). How Emotions are made. (최호영 역). 서울: 생각연구소.

Berne, E. (2011). Games people play: The basic handbook of transactional analysis. Tantor eBooks.

Brackett, M. (2019). Permission to Feel: Unlocking the Power of Emotions to Help Our Kids, Ourselves and Our Society Thrive. (임지연 역). 서울: 북라이프.

Brezina, T., Piquero, A. R., & Mazerolle, P. (2001). Student anger and aggressive behavior in school: An initial test of Agnew's Macro−level strain theory. Journal of Research in Crime and Delinquency, Vol. 38, pp. 362−386.

Clair, M. S. (2004). Object relations and self psychology: An introduction. Thomas Brooks/Cole Publishing Co.

Clark, D. M., Salkovskis, P. M., Gelder, M. G., Koehler, C., Martin, M., Anastasiades, P., ... & Jeavons, A. (1988). Tests of a cognitive theory of panic. In Panic and phobias 2: Treatments and variables affecting course and outcome (pp. 149−158). Berlin, Heidelberg: Springer Berlin Heidelberg.

Cooper, C. R. (2011). Bridging multiple worlds: Cultures, identities, and pathways to college. Oxford University Press.

Dellas, M., & Jemigan, L. P. (1990). Affective personality characteristics associated with undergraduate ego identity formation. Journal of Adolescent Research, 5(3), 306-324.

Dorothy Stroh Becvar(2016). 가족치료: 체계적 이론적 통합 8판. (윤경자 외 공역). 서울: 시그마프레스.

Edna B. Foa(2010). 두려움과 걱정에 사로잡힌 아이들 불안장애. (최미례, 연미영 공역). 서울: 학지사.

Eisenberger, N. I., Master, S. L., Inagaki, T. K., Taylor, S. E., Shirinyan, D., Lieberman, M. D., & Naliboff, B. D. (2011). Attachment figures activate a safety signal-related neural region and reduce pain experience. Proceedings of the National Academy of Sciences, 108(28), 11721-11726.

Erikson, E. H. (1993). Childhood and society. WW Norton & Company.

Erikson, E. H. (1994). Identity: Youth and crisis. WW Norton & company.

Erikson, Erik H. (2014). 유년기와 사회. (송제훈 역). 경기도: 연암서가.

Feinstein, Sheryl. (2010). (부모가 알아야 할) 청소년기의 뇌 이야기. (황매향 역). 서울: 한국방송통신대학교출판부.

Flanders, N. A. (1963). Intent, action and feedback: A preparation for teaching. Journal of Teacher Education, 14(3), 251-260.

Flanders, N. A. (1965). Teacher Influence, Pupil Attitudes, and Achievement: Ned A. Flanders (No. 12). US Department of Health, Education, and Welfare, Office of Education.

Frank, S. J., Pirsch, L. A., & Wright, V. C. (1990). Late adolescents' perceptions of their relationships with their parents: Relationships among deidealization, autonomy, relatedness, and insecurity and implications for adolescent ad-justment and ego identity status. Journal of youth and adolescence, 19(6), 571-588.

Freud, A. (1965). Normality and Pathology in Childhood. New York: International

Universities Press.

Galvin, K. M., & Brommel, B. J. (1982). Family communication: The cohesion and change, Scott Foreman and Company.

Ginott, H. G. (1965). Between parent and child: New solutions to old problems.

Ginott, Haim G. (2003). 교사와 학생사이. 서울: 양철북.

Gogtay, N., Giedd, J. N., Lusk, L., Hayashi, K. M., Greenstein, D., Vaituzis, A. C., ... & Thompson, P. M. (2004). Dynamic mapping of human cortical devel－opment during childhood through early adulthood. Proceedings of the National Academy of Sciences, 101(21), 8174－8179.

Goldberg, E. (2001). The executive brain: Frontal lobes and the civilized mind. Oxford University Press, USA.

Goldstein, S., & Brooks, R. B. (2009). Handbook of Resilience in Children. (신현숙 역). 서울: 학지사.

Gottman, J. (1997). 내 아이를 위한 사랑의 기술. (남은영 역). 서울: 한국경제신문.

Gottman, J. M., & Levenson, R. W. (1999). What predicts change in marital inter－action over time? A study of alternative models. Family process, 38(2), 143－158.

Hall, G. S. (1904). Adolescence in literature, biography, and history. In G. S. Hall, Adolescence: Its psychology and its relations to physiology, anthropology, sociology, sex, crime, religion and education, Vol. 1, 513-589. D Appleton & Company. https://doi.org/10.1037/10616－008 에서 검색.

Hamilton, N. G. (2008). 대상관계 이론과 실제: 자기와 타자. (김진숙, 김창대, 이지연 공역). 서울: 학지사.

Inagaki, M. (2013). Developmental transformation of narcissistic amae in early, middle, and late adolescents: Relation to ego identity. Japanese Journal Of Educational Psychology, 61(1), 56－66.

Jensen, Frances E. (2019). 10대의 뇌. 경기도: 웅진지식하우스.

Kanel, K. (2019). A guide to crisis intervention. Cengage Learning.

Lapsley, D. K., & Murphy, M. N. (1985). Another look at the theoretical assumptions of adolescent egocentrism. Developmental Review, 5(3), 201－217.

Lee, K. H., Siegle, G. J., Dahl, R. E., Hooley, J. M., & Silk, J. S. (2015). Neural re－sponses to maternal criticism in healthy youth. Social cognitive and affective neuroscience, 10(7), 902－912.

Lenroot, R. K., & Giedd, J. N. (2006). Brain development in children and adoles－cents: insights from anatomical magnetic resonance imaging. Neuroscience & biobehavioral reviews, 30(6), 718－729.

Levenson, R. W., & Gottman, J. M. (1985). Physiological and affective predictors of change in relationship satisfaction. Journal of personality and social psy－chology, 49(1), 85.

Marcia, J. E. (1980). Identity in adolescence. Handbook of adolescent psychology, 9(11), 159－187.

Marcia, J. E. (1989). Identity and intervention. Journal of adolescence, 12(4), 401－410.

McCoby, E. E. (1983). Socialization in the context of the family: Parent－child interaction. Handbook of child psychology, 4, 1－101.

Nasio, J. D. (2011). 위기의 청소년. (임말희 역). 서울: 도서출판 NUN.

National Institute of Mental Health(2001). Teenage brain: A work in progress. National Institute of Mental Health, 1(4929), 1－3.

O'Malley, E. B., & O'Malley, M. B. (2008). School start time and its impact on learning and behavior. Sleep and psychiatric disorders in children and ado－lescents, 95－110.

Pennebaker, J. W. (2012). Opening up: The healing power of expressing emotions. Guilford Press.

Petrides, M., & Pandya, D. N. (2002). Association pathways of the prefrontal cortex and functional observations. Principles of Frontal Lobe Function, 1, 31－50.

Rai, R., Mitchell, P., Kadar, T., & Mackenzie, L. (2016). Adolescent egocentrism and the illusion of transparency: Are adolescents as egocentric as we might think?. Current Psychology, 35(3), 285-294.

Runkel, H. E. (2008). Screamfree parenting: The revolu0tionaly approach to raising you kids by keeping your cool. WaterBrook Press.

Samples, F., & Aber, L. (1998). Evaluations of school-based violence prevention programs. In D. S. Elliot, B. A. Hamburg & K. R. Williams (Eds.), Violence in American schools (pp. 217- 252). New York: Cambridge University Press.

Schermerhorn Jr, J. R. (1984). Management for productivity.

Seligman, M. E. (1989). Research in clinical psychology: Why is there so much de-pression today? The G. Stanley Hall lecture series. 75-96.

Siegel, Daniel J. (2014). 십대의 두뇌는 희망이다. 서울: 처음북스.

Slavin, R. E. (2005). 교육심리학: 이론과 실제. (강갑원 외 공역). 서울: 시그마프레스.

Steinbeis, N., Bernhardt, B. C., & Singer, T. (2015). Age-related differences in function and structure of rSMGand reduced functional connectivity with DLPFC explains heightened emotional egocentricity bias in childhood. Social cognitive and affective neuroscience, 10(2), 302-310.

Susman, E. J., & Dorn, L. D. (2013). Puberty: Its role in development, In I. B. Weiner & others (Eds.), Handbook of psychology (2nd edition, Vol. 6). 289-320.

Swartz, J. R., Carrasco, M., Wiggins, J. L., Thomason, M. E., & Monk, C. S. (2014). Age-related changes in the structure and function of prefrontal cortex-amygdala circuitry in children and adolescents: A multi-modal imaging approach. Neuroimage, 86, 212-220.

Tsabary, S. (2010). The Conscious Parent. (구미화 역). 서울: 나무의마음.

Walsh, David Allen(2011). 10대들의 사생활. (곽윤정 역). 서울: 시공사.

Yuan, V., & Anastasia, S. (2010). Body perceptions, weight control behavior, and changes in adolescents' psychological well-being over time: A longitudinal examination of gender. Journal of Youth and Adolescence, 39(8), 927-939.

저자 소개

■ 육성필

서울상담심리대학원대학교 위기관리상담전공 교수, 마음건강연구소장

■ 노미애

서울상담심리대학원대학교 마음건강연구소 전임연구원

■ 김경아

서울상담심리대학원대학교 마음건강연구소 연구교수

■ 신민영

서울상담심리대학원대학교 노인임상상담전공 교수

■ 이건희

서울상담심리대학원대학교 초빙교수

빌드업 패밀리: 부모자녀의 효과적 의사소통

초판발행 2023년 12월 29일

지은이 육성필 · 노미애 · 김경아 · 신민영 · 이건희
펴낸이 노 현

편 집 김다혜
기획/마케팅 허승훈
표지디자인 이은지
제 작 고철민 · 조영환

펴낸곳 ㈜ 피와이메이트
서울특별시 금천구 가산디지털2로 53, 한라시그마밸리 210호(가산동)
등록 2014. 2. 12. 제2018-000080호
전 화 02)733-6771
f a x 02)736-4818
e-mail pys@pybook.co.kr
homepage www.pybook.co.kr
ISBN 979-11-6519-463-5 93180

정 가 10,000원

박영스토리는 박영사와 함께하는 브랜드입니다.